|개정판| 고급서양요리

INTERNATIONAL WESTERN COOKING

구본길 · 김윤민 · 김장호 · 이시은 · 허영욱

지식인

Profile

구본길

경기대학교 관광전문대학원 관광학 박사
현)청도군 홍보대사

김윤민

경기대학교 대학원 외식조리관리 관광학 박사
현)조선이공대학교 식품영양조리학부 교수

김장호

세종대학교 조리외식경영학 박사
현)서영대학교 파주캠퍼스 호텔외식조리과 교수

이시은

중앙대학교 일반대학원 식품영양학과 이학박사
현)강동대학교 호텔조리제빵과 교수

허영욱

경기대학교 외식조리관리관광학 박사
현)유원대학교 호텔외식조리학과 학과장

포토라이터 라운드테이블 이미지 컴퍼니 이진환
푸드스타일링 다니엘엔코 이 현
기물협찬 세라믹요(02-548-7371)

고급서양요리

2015년 2월 10일 초 판 발행
2020년 2월 20일 개정판 발행

지은이 | 구본길 · 김윤민 · 김장호 · 이시은 · 허영욱
펴낸이 | 김종욱 · 명사동
펴낸곳 | 지식인
등 록 | 제301-2013-134호
주 소 | 서울시 도봉구 도봉로 180길 20 투웨니퍼스트 102동 602호
전 화 | 02)2266-8606 (대)
팩 스 | 02)2266-8607

ISBN 979-11-88105-55-7 (93590)

값 33,000원

고급서양요리

Preface

저자가 바라본 21세기 한국의 요리와 요리사를 바라보는 시각은 엄청나게 달라져 있습니다. 세계적으로 유명한 요리사들은 '예술가' 대우를 받습니다. 우리나라 국민들의 인식에서 요리의 세계는 그만큼 격상되었다고 볼 수 있습니다. 20세기 위대한 예술가들의 전기들처럼, 요리사에 대한 책들은 헤아리기 어려울 정도로 많이 출간되고 있고, 프랑스를 비롯한 몇몇 나라에서만 관심을 갖던 미식의 범위는 전 세계적으로 유행처럼 번지고 있습니다. 우리나라에서도 TV 요리 프로그램이나 매스컴에서 철따라 찾아다니는 맛집 기사, 요리 잡지, 요리 여행, 미식 블로거 등 요리에 관심을 갖는 폭이 다양화되었습니다. 미식은 자연스럽게 유행처럼 모두의 관심이 되어갑니다. 요리사라는 직업은 선망의 대상이기도 합니다. 그런 흐름에 학교마다 경쟁하듯 요리나 외식에 관련하여 학과가 생겨났고, 정보와 지식 및 기술 전달에 많은 노하우를 만들어가고 있습니다.

요즈음 창조경제, 창조과학 등 '창조'라는 단어가 많이 사용되고 있는데, 저자가 생각할 때 요리에 잘 어울리는 표현이 '창조'라는 단어가 아닐까 생각됩니다. 새로운 식재료 창조에서부터 요리를 만드는 사람의 창조적 발상에서 어떤 재료들을 어떤 비율로 잘 결합하여 새로운 맛을 만들어 내는가에 따라서 많은 사람들에게 즐거움과 행복감을 줍니다.
예전에 먹고살기 어렵던 시절 어른들이 "입이 억만고다", "목구멍이 포도청이다"라고 한탄하던 시절이 있었습니다. 즉 사람이 먹는다는 비중이 그만큼 매우 크다고 볼 수 있습니다. 또한 병원 입원비에서 식사 비용이 가장 많다고들 우스갯소리처럼 하는 것도 먹는 비중이 그만큼 크게 느껴지는 이유일 것입니다.

기본적으로 먹는 것이 차지하는 비율이 가장 크다고 볼 때, 부가가치가 높은 요리가 경제창출에 많은 영향을 미칠 것입니다. 창조요리를 만들어낼 때 그에 대한 부가가치는 상상을 초월할 수도 있습니다. 예를 들어, 세계적으로 보더라도 파스타의 혁신, 그로 인한 토마토의 생산량 증가 등입니다. 그렇다면 앞으로 우리가 만들어갈 부가가치 창출을 외식산업에 기대해 봐도 되지 않겠나 생각해 봅니다. 일일 소비가 이루어지는 요리는 어떠한 경우에도 인간의 삶에 필수불가결한 것입니다. 세계 사람들의 입맛을 사로잡을 수 있는 요리가 창조된다면 성공의 꿈은 반드시 이루어질 것입니다.

이 책에 나온 요리들은 저자가 레스토랑에서 실제적으로 고객들에게 제공했던 요리들로써 미흡하고 부족한 부분이 있지만, 나름대로 저자만의 창조적 요리들로 구성되어 있다고 생각합니다. 머지않아 국민소득 4만불 시대로 향해가는 대한민국을 바라보면서 미래의 주축이 되는 학생들에게 이 책을 통해서 또 다른 많은 창조적 요리들이 탄생되었으면 하고 바래봅니다.

이 책이 나오기까지 많은 도움을 주신 사진촬영 이진환 작가님, 푸드스타일링 이현 선생님께 감사드리며, 말없이 사랑으로 내조한 가족에게 감사하고 자기 일처럼 열심을 다해 도움을 준 사랑하는 제자들에게도 감사인사를 보냅니다. 무엇보다 바쁘신 가운데 지원을 아끼지 않고 물심양면 도와주신 김준희 교수님께 큰 감사 인사를 드립니다. 마지막으로 집필할 수 있도록 지원해 주고 수고해 주신 지식인출판사 관계자 모든 분들께 감사의 인사를 드립니다. 감사합니다.

저자일동

Contents

이론편

실기편

INTERNATIONAL
WESTERN COOKING
이론편

International Western Cooking

서양요리이론

1. 서양요리의 개요와 특징

일반적으로 '서양요리'라 함은 세계를 동양과 서양으로 구분하였을 때 구미를 비롯하여 유럽을 포함하는 나라들의 요리를 일컫는다. 즉 서양요리는 프랑스를 비롯하여 이탈리아·스페인 등의 라틴계열의 요리와, 영국·미국·북유럽의 앵글로 색슨계 요리 등 많은 나라들의 요리를 편의적으로 표현하는 것이며, 나라마다 각기 내용을 달리하는 특징적인 식생활을 구축하고 있다. 따라서 그들의 음식문화, 국민성, 자연환경과 지형학적 위치를 잘 이해할 필요가 있다.

서양요리의 대표는 프랑스요리로써 조리법이 이론적 기초를 가지고 맛의 조화를 고려하여 만들어진 요리로, 그 미묘한 맛이나 아름다운 모양은 프랑스만의 풍부한 예술이라 하겠다.

역사적으로 보면, 다른 어느 문명보다 이집트요리에 대해 많은 것들이 전해지고 있다. 상형문자로 그려진 제빵 요리사들의 작업 모습이 이집트의 피라미드와 무덤에서 점토 평판이나 벽화로 발견되었다. 이것을 보면 제빵·제과가 대중화되었음을 알 수 있으며, 제빵사들은 이집트인들로부터 존경을 받았을 것으로 추정된다.

페르시아는 화려한 연회와 축제로 유명하였고, 그리스인들은 페르시아인들로부터 그 요리와 식사법을 배웠다. BC 15세기 중엽까지 그리스에서는 빈부에 따른 식사 내용의 차이가 별로 없었는데 보리페스트pastes, 보리죽, 보리빵 등이 그 기본음식이었다. 그리스의 유명한 요리장으로는 팀브론Timbron, 테마시데스Themacides 그리고 아케스투라투스Archestratus 등이 있었는데, 이들은 요리의 도시로 유명했던 시베리우스Syberius에서 훈련을 받았다. 이 도시에서 계발된 많은 요리법들은 로마인과 프랑스인들을 통해 후대에 전수되었다.

로마인들은 그리스인들의 요리보다도 더욱 섬세하고 맛있는 그들 자신의 요리를 개발하였으며, 연회나 식도락적인 축제가 발전하고 번창하였다. 식사법에 대해서는 손을 씻는 습관이나 포크를 사용한다든가 하는 이탈리아식의 영향이 지대했다. 조리방법으로는 약한 불로 오래 끓인다거나 직접 나무 위에서 굽고, 간접적으로 화덕에 굽는 등 여러 가지 방법이 있었고, 밀가루는 빵이나 과자를 만들어서 꿀을 발라먹었다.

14세기 이후에는 소스의 사용이 조리기술 중 으뜸으로 평가되었고, 이 시대의 대연회에서는 화려한 요리를 연출하였는데, 이때 조리기구들이 많이 개발되었다.

1370년 찰스5세 요리사인 기욤 티렐Guillaume Tirel : 일명 타이 유방에 의해서 쓰여진 『Le Viander』는 사실 중세요리의 총체이다. 이 책은 고기요리에 대한 내용뿐 아니라 이름이 뜻하는 대로 전통적인 요리, 식생활의 습관에 대한 모든 것이 기록되어 있는 현대의 '요리백과사전'이다.

16세기 초까지는 프랑스요리를 영국요리와 함께 상상력이 없는 요리라고 평가하였다. 그러나 17세기부터 요리기술이 발전하기 시작하였으며, 르네상스의 세련미가 더욱 요리에까지 파급되어 예술의 경지에 이르게 되었다.

프랑스요리의 발달은 1553년 오를레왕 공작(국왕 앙리2세)이 메디치가의 카트란과 결혼하면서부터이다. 그때 그녀는 피렌체 출신의 요리사들과 함께 프랑스로 옮겨 왔는데, 메디치가는 향신료의 풍미를 자랑하기로 유명하였다. 프랑스요리는 이처럼 이탈리아로부터 수입되어 발달하게 된 것이다. 이때부터 대부분의 요리사들은 프랑스요리의 커다란 변혁을 수용한 반면, 일부의 고집 있는 요리사들은 여전히 과거 전통의 계승만을 중시하였다.

우리는 프랑스·영국·독일·이탈리아 및 미국의 요리가 혼성된 것, 그리고 그 일부가 가미된 것, 또는 한국식으로 변화된 것 등을 통틀어 '서양요리'라고 부른다. 그러나 실제로 서양요리의 중심은 프랑스요리이며, 국제적인 연회에서는 일반적으로 프랑스식의 조리법이 사용되고 있고, 메뉴도 프랑스어로 적는 것이 관례이다.

이러한 서양요리가 우리나라에 들어온 시기는 정확하지는 않으나, 대략 개화와 더불어 들어온 것으로 전해지고 있다. 서양요리의 역사는 '고대 그리스시대 → 로마시대 → 프랑스시대 → 루이시대 → 프랑스혁명 → 카렘과 에스코피에시대 → 뉴벨뀌진 → 오늘날의 요리'로 발달되어 왔다.

1) 우리나라에서의 서양요리

서양요리가 우리나라에 전래된 것이 언제부터인지는 정확한 문헌이 없어 단정 짓기는 어려우나, 개화의 바람과 함께 도입된 것으로 추측되어 약 100여 년 전 정도가 조금 넘은 것으로 짐작된다. 다만, 서양요리를 정식적으로 접하기 시작한 사람은 고종과 순종이었다고 볼 수 있다. 러시아공사 '웨벨'의 부인이 직접 자신이 조석수라를 만들어 3개월 동안 제공하였다는 기록을 통해 아마도 우리가 말하는 '서양요리'로 식사를 하였을 것으로 전해진다.

1883년(고종 20년)에 주미전권공사로 미국에 간 민영익과 그 수행원 유길준 등이 서양요리를 맛본 첫 번째 인물로 알려지고 있고, 1895년에 러시아공사 부인이 서양요리를 직접 만들어 러시아공사관에 파천 중이던 고종에게 바쳤다는 기록 등이 있다. 이후 궁중에 서양요리의 바람이 유행한 것은 베베르의 처형인 손탁의 영향 때문이었다. 1902년 그녀가 손탁호텔을 경영하면서부터 우리나라의 상류층까지 서양요리가 보급되었다.

1899년 경인철도의 개통을 시초로 철도업의 부대사업으로 시작된 호텔업은, 1925년에 서울역에 철도호텔의 식당이었던 '그릴Grill'이 탄생됨으로써 오늘날까지 숱한 화제와 서양요리에 대한 기술을 양성하고 향상시킨 산 증거로 여겨지고 있다.

우리나라에 서양요리를 최초로 소개한 요리책은 『조선무쌍신식 요리제법』으로, 1915년 종로에 있는 한흥서점에서 강은영이 출판한 책에 서양요리가 소개되어 있다. 이 책에는 미트볼, 돈가스와 이탈리아 수프 등이 있고, 디저트로는 케이크, 아이스크림 등이 소개되어 있다. 그리고 1930년 9월 18일 국내 최초로 서양요리책이 경성부인회 편으로 발간되었다. 이 책은 『션영대조 셔양요리법*The Seoul Women's Club Cook Book*』으로, 판형은 국판으로 전체 313페이지이며, 영문과 국문의 대역판으로, 일제강점기에는 각 학교 가사시간에 서양요리를 가르쳤고, 8·15광복 이후 오늘날까지 우리 식생활에서 아주 큰 비중을 차지하고 있다.

1945년 해방 이후 한국의 서양요리 산업은 본격적으로 발전의 계기를 맞이하였으나, 6·25 동란으로 인해 서양요리 산업은 사실상 정체기에 접어들었다. 이후 1962년에 '국제관광공사'가 설립되면서 현대적인 호텔이 생겨났으며, 1965년에는 한·일 국교가 정상화되어 일본관광객이 급속히 증가하면서 서양요리에 대한 인식이 확산되었다.

1970년대에는 대규모 관광단지가 개발되면서 외국관광객이 증가하였고, 1986년 아시안게임과 1988년 서울올림픽 등 국제적인 행사를 치루면서 발전하게 되었으며, 이를 계기로 국내 조리기술이 세계적 수준으로 더욱 발전하고 인정받기 시작했다.

2) 서양요리의 특징

① 재료의 분량과 배합이 체계적이며 과학적이다. 즉 식품을 큰 덩어리로 조리하여 식탁에서 잘게 썰어먹도록 하는데, 이렇게 하면 조리과정에서 발생되는 영양소의 손실도 줄일 수 있고, 식품 원래의 맛을 살리는데도 효과적이다.

② 식품의 사용이 광범위하며 배합이 용이하고, 그 식품 배합에 따른 음식의 빛깔, 맛의 변화, 그릇에 담기까지가 합리적으로 연구되어 있다.

③ 오븐을 사용하는 건열조리방법을 많이 이용하며, 식품의 맛과 향미를 그대로 살려서 조리한다.

④ 조미료는 요리를 만든 후에 개인의 기호에 따라 간단하게 조절할 수 있도록 식탁에서 사용되는데, 주로 소금, 후춧가루가 기본 조미료로 쓰인다.

⑤ 맛과 영양을 보충하기 위해 음식 위에 소스를 끼얹으며, 향신료나 술 등도 많이 사용된다.

3) 서양요리의 메뉴 구성

서양요리는 아침, 점심, 저녁 등의 식단이 한식과 다르고, 메뉴 구성은 식욕을 돋우는 전채요리, 수프요리, 주식요리, 후식요리 등으로 구분된다. 또한 상 위에 음식이 한꺼번에 차려지는 것이 아니라, 한 가지 음식을 먹고 난 다음 다른 음식을 내오는 시간전개형 형태로 식사가 진행된다.

① 3Course : 전채-주요리-후식

② 5Course : 전채-수프-주요리-후식-음료

③ 7Course : 전채-수프-생선요리-주요리-샐러드-후식-음료

④ 9Course : 전채-수프-생선요리-셔벗-주요리-샐러드-후식-음료-프레쉬 콤포트, 프랄린

⑤ 12Course : 차가운 전채-수프-따뜻한 전채-생선요리-셔벗-샐러드- 주요리-후식-프레쉬 콤포트, 프랄린-치즈-음료-프랄린

(1) 아페리티프와 애피타이저

① 아페리티프 : 쌉쌀한 맛을 가진 술로 식욕증진을 위해 마시는 술을 총칭한다.

② 애피타이저 : 식사의 첫 번째 코스에 제공하여 식욕을 돋우어 주기 위한 음식으로, 애피타이저(전채)는 서양요리에서 빼놓을 수 없는 요리이다. 프랑스에서는 오르되브르Hors d'Oeuvre라고 한다.

야채칵테일

핑거푸드

부르스케타

• 더운 전채요리(전채 : 격식을 갖춘 식탁에 일정한 순서의 차림표대로 요리 전에 나오는 것을 말함)

식용달팽이

닭날개요리

야채롤

● 차가운 전채요리

– 알맞은 양과 색 또는 질감 : 애피타이저는 요리의 첫 코스이므로 양이 알맞아야 하며 눈으로도 즐길 수 있어야 하고 먹을 때 질감 또한 좋아야 한다.
– 식재료와 허브의 알맞은 양 : 지나친 식재료와 허브의 사용은 다음 코스의 맛을 잃게 할 수도 있다.
– 식욕촉진 : 혀의 세포를 자극시켜 식욕을 돋구어 주고 신맛의 소스를 사용하는 것이 효과적이다.
– 계절감과 특색 : 계절에 따른 식재료들의 변화와 특색을 살려야 한다.
– 요리 특성에 맞는 온도의 유지 : 차가운 요리와 더운 요리에 대한 알맞은 적정온도를 유지해야 한다.

모듬해산물

바닷가재요리

석화요리

(2) 수프

스톡Stock을 기본으로 하여 육류, 가금류, 채소 등을 넣어 결합하여 만든 유동식으로, 스톡 품질은 수프를 만드는 데에 가장 중요한 영향을 미친다. 프랑스 요리사 마르탱F. Martin은 스톡을 '소스의 영혼과 맑은 물'이라고 했다.

수프는 농도에 따라 맑은 수프Clear Soup, 진한 수프Thick Soup가 있고, 온도에 따라서 더운 수프Hot Soup와 찬 수프Cold Soup로 구분되며, 이용한 스톡의 종류나 결합한 내용물에 따라 그 성격이나 명칭이 달라진다.

양파수프

감자수프

당근수프

- 농도에 따라 : 맑은 수프Consomme Soup, Broth Soup, Vegetable Soup, 진한 수프Cream Soup, Puree Soup, Chowder Soup, Bisque Soup
- 온도에 따라 : 더운·찬 수프Gazpacho, Coldcucumber, Vichyssoise
- 재료에 따라 : 고기수프, 채소수프, 생선수프, 내셔널수프

(3) 샐러드와 드레싱

샐러드를 만들 때는 신선한 야채를 사용하는 것이 중요하다. 특히 여름철에는 재료를 찬물에 충분히 담가서 사용해야 제맛을 낼 수 있고, 재료를 씻은 후에는 물기를 완전히 빼는 것이 좋다.

- 야채와 과일을 주재료로 하며, 드레싱이나 식초 오일로 소스에 곁들여 먹는 것을 말한다.
- 재료에 따라 단순 샐러드, 혼합 샐러드, 복합 샐러드로 나뉜다.
- 드레싱은 프렌치, 이탈리안, 블루치즈, 사우전, 러시안, 앤초비, 과일 드레싱 등이 있다.

마요네즈드레싱 샐러드

프렌치드레싱 샐러드

야채드레싱 샐러드

(4) 파스타

파스타는 반죽Impastare이라는 이탈리아 말에서 온 것으로, 밀가루를 물과 반죽한 것을 총칭하는 말이다. 라자냐, 스파게티, 마카로니, 라비올리 등이 파스타에 속하며, 파스타는 면류 파스타와 스터핑 파스타(도우를 넓게 펴서 내용물을 만두처럼 속에 넣은 것)로 나눌 수 있고, 생파스타와 건파스타로 구분할 수 있다.

파스타 밀가루는 글루텐 함량이 높은 듀럼Dru Wheat이라고 하는 밀의 배아를 거칠게 갈아서 만든 밀가루로, 쫄깃한 것이 특징이다.

봉골레스파게티

까르보나라

라비올리

(5) 생선요리

- 비린내를 제거하기 위해 레몬즙, 백포도주를 이용한다.
- 뒤집어 먹지 않으며, 가시나 껍질은 한 쪽으로 몰아둔다.
- 정찬이 아닐 경우 생략될 수 있다.
- 생선이 제공될 때는 일반적으로 셔벗을 제공한다.
- 용도는 애피타이저, 중간코스, 메인코스로 구분하여 양을 다르게 한다.

프라이드 피쉬

스팀드 피쉬

베이크드 피쉬

(6) 메인요리 & 소스

- 식단의 중심이 되는 요리로서 소고기, 양고기, 돼지고기, 송아지, 가금류를 이용하여 내는 요리이다.
- 소스는 주요리에 곁들이거나 조리할 때 사용하는 것으로, 서양요리에서 음식의 맛과 색감 등을 돋보이게 해 주는 역할을 한다. 만드는 방법으로는 잘 끓인 스톡에 향신료를 넣고 풍미를 낸 다음, 농후제를 이용하여 반유동 상태로 제공하는 것이다.

소고기안심요리

서로인스테이크

오리요리

(7) 디저트

소화작용을 돕고 시각적으로 화려하게 하면서 식사를 마무리하는 단계로, 디저트는 메인요리가 Heavy하면 Light하게, Light하면 Rich하게 구성하는 것이 바람직하다.

● 차가운 디저트

아이스크림

셔벗

신선한 모듬과일

● 더운 디저트

과일그라탱

와인에 졸인 배

구운 모듬과일

(8) 커피와 차

커피와 차의 종류는 다양하고 기호에 따라 즐긴다.

(9) 디제스티프

식전주 아페리티프와는 반대로 식후 소화를 촉진시키기 위한 술이다. 식후주는 알코올 함량이 높은 술을 선택하는데, 남자는 꼬냑, 브랜디, 위스키, 진, 칼바도스 등을 선택하며 여성은 주로 리큐르를 즐긴다.

2. 서양 각국의 요리 특성

1) 프랑스

프랑스는 지중해와 대서양에 접하고 있어서 기후가 온화하며 농산물, 축산물, 수산물이 모두 풍부하여 다양한 식재료를 이용한 요리가 제공된다. 고대 그리스·로마에서 전해진 요리의 맥을 이은 요리이다. 또한 프랑스 국민의 미식가적 기질이 오늘날 세계적인 요리로 자리 잡았고, 다양한 소스와 버터를 많이 이용한다.

2) 영국

영국요리는 비교적 요리 형태가 심플Simple한 것이 특징이고, 조미료를 거의 사용하지 않으며, 먹을 때 입맛에 따라 소금, 후추, 식초, 향신료, 겨자를 뿌려서 먹는다.

요리의 특징은 샐러드, 오일과 버터를 주로 많이 사용하며 로스트비프와 같은 육류요리나 요크셔 푸딩Yorkshire Pudding 등이 유명하고 홍차, 샌드위치 등이 발달해 있다.

3) 이탈리아

이탈리아는 지형적 특징과 역사적 특징 때문에 지역에 따라 다양한 요리가 발달했다. 이탈리아요리는 밀라노를 중심으로 한 북부요리와 이탈리아의 중심지인 로마가 있는 중부요리, 해산물이 풍부한 남부요리로 구분한다. 특히 스파게티, 마카로니 등의 요리와 올리브오일 토마토, 치즈 등을 이용한 요리가 많고 다양한 향신료를 많이 쓰는 것이 특징이다.

4) 독일요리

대륙성 기후로 돼지고기, 빵, 소시지, 감자 등을 먹는 검소하고 소박한 음식문화를 지니고 있으며, 독일사람들에게 소시지와 햄은 빼놓을 수 없는 가장 기본적이고 중요한 음식이다.

독일의 각 지방마다 먹는 법이 다르고 즐기는 음식에도 차이가 있는데, 동부지역은 파프리카와 캐러웨이 등의 강한 향신료를 많이 사용하고, 북부지역은 청어와 같은 생선을 많이 먹으며, 서부지역은 와인이 많이 생산된다. 그리고 남부지역은 소시지와 맥주, 감자를 이용한 요리가 다른 지역에 비해 많아 우리가 일반적으로 생각하는 독일요리에 가장 가깝다.

5) 터키요리

위치상으로 에게해, 지중해, 마르마라해, 흑해와 접해 있으며 유럽, 페르시아, 발칸, 북부아프리카 등의 문화를 융합하여 독특하고 세계적인 음식문화를 발전시켰다. 음식의 특징은 중앙아시아 유목민들의 소박한 요리에서 시작하여 중동지방의 섬세하고 풍요로운 야채, 과일, 육류, 해산물로 만들어진 요리로 발전되면서 세계적인 요리로 자리잡게 되었다.

6) 러시아요리

러시아요리는 채소, 어패류는 적고 육류의 사용이 많으며 소박하고 영양이 많은 것이 특징으로, 야채가 귀하기 때문에 익혀 먹는 조리방법을 이용하였고 소박하면서도 영양의 균형이 맞으며 실용적이다. 추운 곳에 위치한 탓으로 열량이 높은 요리들이 발달했다.

7) 미국요리

1492년에 콜럼버스가 신대륙을 발견하고 난 후, 1565년 최초의 이주민이 정착한 길지 않은 역사를 가진 나라이다. 초기에는 토착민인 인디언의 영향으로 멕시코와 마찬가지로 옥수수를 많이 사용하였다. 미국식 요리는 전세계 인종이 모여 사는 나라인 만큼 각국의 특징 있는 요리를 개발하고 풍부한 농산물로 대량생산하는 가공식품, 통조림, 고기를 바비큐로 조리하는 요리방법, 연기에 그을려 훈제하는 방법 등이 발달하였다.

3. 서양요리의 조리기술

식품의 합리적인 조리법을 위해서는 재료 및 조미료의 분량에서부터 조리온도와 시간까지의 계수화가 필수이다.

1) 중량

- 용량이 적으면서 g단위까지 측정 가능한 것이다.
- g, kg / oz(온스), lb(파운드)
  - 1lb ≒ 450g
  - 1lb = 16oz / 1oz ≒ 28g

2) 부피

- 표준쿼트Standard Quart에 근거한 계량컵 / 스푼을 사용한다.
  - 1gallon = 4quart = 8pint = 16cup
  - 1cup = 200cc = 13⅓t.s(우리나라 표준도량형)
  - 1t.s = 3t.s = 15cc

3) 기본조리방법Basic Cooking Skill의 분류

(1) 가열과 조리법

- 대부분의 조리법은 가열에 의한다.(가열 : 열원에서 발생한 에너지가 식품에 전달되는 것)

(2) 가열조리법의 비교

1 습식가열

〈습식가열의 특징〉

열전달 방식	가열법	조리법	특 징
전도 대류 복사	습식가열	끓이기, 삶기	물의 대류에 의한 열의 이동
		찜	수증기의 기화열 이용
	건식가열	구이	전도(철판구이), 대류 및 복사(오븐)
		볶음, 튀김	비열, 비중이 낮아 열 전도율이 좋은 기름을 이용
전자파에 의한 발열	전자레인지 가열		식품의 물 자체가 발열 물질임 : 적은 수분으로 조리 가능

<table>
<tr><th colspan="3">조리법</th><th>예</th></tr>
<tr><td>생식조리법</td><td colspan="2">열을 사용하지 않고 생으로 먹는 것</td><td>샐러드, 생선회, 육회 등</td></tr>
<tr><td rowspan="7">가열조리법</td><td colspan="2">습열조리법(Moist–heat Cooking)</td><td>Simmcring, Boiling, Poaching, Steaming, Blanching</td></tr>
<tr><td rowspan="2">건열조리법
(Dry–heat Cooking)</td><td>기름을 사용하지 않는 건열조리법</td><td>Roasting, Grilling, Broiling, Pan Broiling, Baking</td></tr>
<tr><td>기름을 사용한 건열조리법</td><td>Sauteing, Stir–frying, Pan–frying, Deep–frying</td></tr>
<tr><td colspan="2">복합조리법(Combination Cooking)</td><td>Braising, Stewing</td></tr>
<tr><td colspan="3">전자레인지(Microwave)</td></tr>
<tr><td colspan="3">훈연법(Smoking)</td></tr>
<tr><td colspan="2">기타</td><td>Gratin, Glaze</td></tr>
</table>

- 물을 열전달매체로 가열하는 방법으로 삶기, 데치기, 찌기 등을 말한다.
- 국, 찌개, 조림, 수프, 스튜, 심머링Simmering, 브레이징 등이 속한다.
  - 조리법이 간단하며 경제적이다.
  - 무색, 무미, 무취로 주재료에 영향을 미치지 않는다.
  - 골고루 익힐 수 있다.
  - 식품의 온도를 균일하게 유지할 수 있다.
  - 가열효과가 크다.(특히 찌기의 경우)
  - 기름에 비해 시간이 걸리므로 식품의 형태상 변형이 크다.
  - 압력솥을 이용할 경우 조리시간의 단축이 가능하다.
  - 가열 도중 가미가 가능하며 조미료의 확산이 일정하다.(찌기는 제외)

2 건식가열

- 공기, 기름, 금속체와 전도체 등에 의해 열을 전달하는 방법을 말한다.(전도, 대류, 복사 및 복합된 방식)
- 직접구이 : 열원으로부터 복사된 열에 의한 가열법
- 간접구이 : 오븐 등을 이용한 굽기

3 튀김과 볶음

- 기름을 사용하여 열을 전달하는 조리법
- 기름은 물에 비해 비열, 비중이 작으므로 열전도율이 높아 조리시간이 단축되어 영양의 손실을 최소화할 수 있다.

〈튀김 종류에 적당한 시간과 온도〉

<table>
<tr><th>튀김 종류</th><th colspan="2">튀김 시간(분)</th><th>튀김 온도(℃)</th></tr>
<tr><td>도 넛</td><td colspan="2">3</td><td>160</td></tr>
<tr><td>프리터(Fritter)</td><td colspan="2">1~2</td><td>160~170</td></tr>
<tr><td>근채류</td><td colspan="2">2~3</td><td>165~175</td></tr>
<tr><td>어패류</td><td colspan="2">1~2</td><td>175~180</td></tr>
<tr><td>감자튀김</td><td colspan="2">2~3</td><td>185~195</td></tr>
<tr><td rowspan="2">치킨커틀렛</td><td>1차</td><td>8~10</td><td>165</td></tr>
<tr><td>2차</td><td>1~2</td><td>190~200</td></tr>
<tr><td>양파, 채소류, 크로켓</td><td colspan="2">1</td><td>190~200</td></tr>
</table>

수비드Sous-vide

· 밀폐된 비닐 팩에 음식물을 넣어 일반적으로 55°C에서 70°C의 물속에 담가 길게는 72시간 동안 음식물을 데우는 조리방법으로, 음식물을 골고루 익히고 수분을 유지하는 데 목적이 있다.

삶기Boilling

· 식품을 끓는 물속에서 가열함으로써 재료 중의 수분과 불미 성분을 제거하여 살균하는데, 물이나 스톡에 고기나 야채, 면류 등의 식재료를 넣고 끓이는 방법이다.

데치기Blanching

· 야채를 끓는 물에 짧게 조리하는 방법으로, 표면의 불순물 제거와 자극적인 맛을 덜하기 위한 방법이다.

포칭Poching

· 계란이나 생선 등을 비등점 이하의 물이나 스톡에 끓이는 방법으로, 물의 온도를 80℃를 넘지 않게 함으로써 단백질 유실이 일어나지 않게 하고 건조하고 딱딱해지는 것을 방지한다.

심머링Simmering

· 포칭과 삶기의 혼합 조리방법으로 95~98℃ 정도의 물로 끓이는 방법이다. 은근히 끓이는 목적은 재료를 부드럽게 하기 위함과, 국물을 우려내기 위한 방법이다.

증기 찌기Steaming

· 증기를 사용하여 조리하는 방법으로 육류, 생선류, 야채류를 조리할 때 많이 사용하고 물에 조리하는 것보다 풍미와 영양학적으로 좋다.

순간 볶음Sauteing

· 프라이팬에 소량의 기름을 넣고 160~240℃에서 살짝 볶아내는 방법으로, Pan Frying, Shallow Frying이라고도 한다.

튀기기Frying

· 기름에 음식물을 튀겨내는 방법으로 온도는 160~180℃가 좋다. 고온의 기름에서 단시간에 익히는 것으로, 영양소의 파괴가 적고 기름에 의하여 풍미가 더해진다.

철판구이Grilling

· 철판을 이용하여 육류나 생선, 가금류, 전유어 등을 가열된 금속의 표면 위에서 구워내는 방법이다.

석쇠구이Broilling

· 석쇠 위에 고기류를 얹어 직접 구워내는 방법으로, 아래로 내리는 열을 이용하여 굽는 Under Heat 방법과 Salamander 구이법이 있다.

오븐구이Baking

· 육류나 가금류, 빵, 케이크 등을 오븐에서 건조열로 구워내는 방법인데, 주로 제과용으로 많이 사용한다.

로스팅Roasting

· 육류나 가금류, 생선, 야채 등을 통째로 구워 내는 방법으로, 모양이 흐트러지지 않도록 실로 묶어 야채와 향신료를 뿌리고 오븐에서 구워내는 방법이다.

브레이징Braising

· 낮은 냄비에 고기나 야채를 넣고 볶으면서 즙을 끼얹어 주거나, 오븐에 넣고 고기를 연하게 하기 위하여 낮은 온도의 열을 이용하는 조리법이다.

그라팅Gratinating

· 음식을 전처리하여 볼이나 팬에 담그고 그 위에 버터, 치즈, 빵가루, 소스 등을 뿌린 후 오븐에 넣어 브라운 색을 내는 방법이다.

글레이징Glazing

· 당근이나 호박, 야채 등을 요리할 때 설탕이나 버터, 전분 등을 이용하여 음식을 윤기가 나게 코팅하는 방법이다.

뿌왈레Poeler

· 고기를 오븐에서 구울 때 온도를 조절해 가며 많은 양의 버터 속에서 조리하는 방법이다.

스튜Stewing

· 육류나 가금류 등을 기름에 볶아 냄비에 담고, 소스나 스톡을 부어 걸쭉하게 요리하는 방법이다.

전자레인지Microwave

· 초단파 전자 오븐으로 전자파를 이용하여 고열로 단시간에 요리하거나, 냉동 제품을 해동할 때 사용하는 조리법이다.

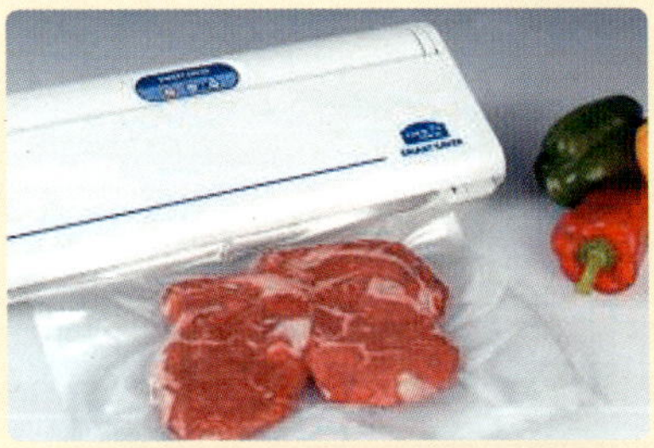

진공포장요리Vacuum Cooking

· 적은 양의 식재료나 완성된 요리를 진공포장해서 원하는 시간에 데워주고, 균의 오염을 막아주며, 포장된 식품을 그대로 데워 사용하는 방법이다.

훈연법Smoking

· 햄, 소시지, 생선 등을 비린내를 제거하고 특유의 향을 내기 위해 돼지고기나 연어를 손질하여 소금에 절인 후 연기를 쏘이는 조리방법이다.

절임법Peaking

· 양파, 마늘, 오이 등의 채소를 장기간 보존할 수 있게 하기 위해서 야채를 깨끗이 손질한 다음 설탕, 식초, 향신료 등을 절이는 방법이다.

팟 로스팅Poeler

· 약 140~210℃의 오븐에서 뚜껑이 있는 팬을 이용하여 미르포와와 함께 가금류, 육류 등을 조리하는 방법이다.

스튜Etuver

· 뚜껑이 달린 Pot을 이용하여 Brasing보다 낮은 온도에서 서서히 조리는 방법으로 육류, 채소, 과일, 찜 등의 조리방법이다.

4) 조리 시 색소의 변화

(1) 클로로필계 색소

1 데침에 의한 변화

데칠 경우, 클로로필계 색소는 더욱 선명해지고, 수용성인 클로로필라이드가 형성되면서 조리수를 푸르게 한다.

2 산과 가열에 의한 변화

산에는 불안정하므로, 색을 변화시키며 페오피틴a 또는 테오피틴b를 형성한다. 다량의 물을 사용하고 처음 2~3분 동안은 뚜껑을 연 채로 끓이며, 데쳐낸 것을 냉수에 담가 유기산과의 반응을 차단시킨다. 녹색채소는 1~2% 식염수의 끓는 물에 데치면 색이 곱게 되고 클로로필의 용출이 적어진다. 국에 데친 채소를 넣는 경우에는 국물을 먼저 끓이고 마지막 단계에 채소를 넣는 것이 좋다.

3 알칼리에 의한 변화

채소류는 알칼리에는 안정하므로 조리수가 약알칼리일 때 녹색을 최대한 보유하고, 알칼리는 섬유소를 연화시켜 채소의 질감을 나쁘게 하며 비타민 B_1, 비타민 C를 파괴하므로 좋지 않다.

4 금속에 의한 변화

클로로필과 구리, 아연, 철과 함께 가열하면 클로로필 분자 중의 마그네슘이온이 금속이온과 치환되어 안정하고 선명한 녹색을 띤다.

(2) 카로티노이드Carotenoid계 색소

산, 알칼리, 가열에 의한 영향을 받지 않아 비교적 안정적이다. 산화되기 쉬우므로 단시간 내에 뚜껑을 닫은 상태에서 조리를 한다. 광선이나 가열에 의해 이성체를 형성하여 더욱 선명한 색을 나타내기도 한다.

(3) 플라보노이드Flavonoid계 색소

노란색을 약간 띠는 흰색으로, 산을 약간 첨가함으로써 색변화를 방지할 수가 있다. 금속과 반응하면 독특한 색을 가진 복합체를 형성한다.

(4) 안토시아닌Anthocyanins계 색소

수용성으로 조리에 쉽게 용해된다. 끓는물에 뚜껑을 덮고 조리하는 것이 좋다. 식초나 레몬주스를 첨가해서 변색을 방지할 수가 있다.

5) 스톡의 이해

(1) 스톡Stock

스톡은 서양요리에서 요리의 기본이자 시작으로 불리며, 요리의 맛을 좌우하는 스톡을 유명한 프랑스 조리사들은 투철한 직업의식과 프로정신을 바탕으로 정성스럽게 만들었다.

스톡은 기본재료Beef, Chicken, Fish, Vegetable에 대한 본연의 맛을 유지하되 맑고 깨끗해야 하며 너무 진하게 끓여서 소스나 수프의 본래의 맛에 영향을 미치지 않아야 한다. 따라서 소고기는 힘줄이 많은 사태나 목 부위, 꼬리 부분 등이 좋고, 닭의 경우는 살을 발라 낸 뼈로 끓이는 것이 좋다. 또한 생선은 5장, 3장 뜨기를 하여 살을 발라낸 후 뼈와 머리를 이용한다. 스톡의 주재료가 다르다 할지라도 기본 재료의 맛을 살려주는 야채를 함께 끓여야 좋은 향미를 가진 스톡을 얻을 수 있다.

1 스톡 생산 시 주의해야 할 점

스톡은 보기에는 간단하고 단순한 것 같지만, 스톡이 생산되는 원리를 알지 못하면 주재료 고유의 맛과 깨끗한 육수를 만들 수가 없다.

- 찬물에서 시작한다.
- 센 불에서 시작해서 끓으면 약한 불로 조리한다.
- 거품 및 불순물 제거한다.
- 스톡 걸러내기 : 불순물, 기름성분 제거 후 스톡포트나 소창, 차이나캡을 이용한다.
- 냉각 시 플라스틱용기보다 금속용기를 사용하고, 저어주면서 냉각한다.
- 저장 시 표면에 굳은 기름을 제거한다. 냉장(3~4일), 냉동(5~6개월)

2 스톡(육수)Stock의 종류

- 흰색 스톡White stock

스톡 중에서 가장 기본이 되는 것으로, 주로 수프나 국물요리를 할 때 사용한다. 용도에 따라 재료를 다양하게 사용할 수 있는데 보통 닭Chicken, 소뼈Beef Bone, 생선뼈Fish Bone를 미르포와Mirepoix : 양파, 당근, 셀러리 1 : 0.5 : 0.5의 비율와 향신료를 함께 넣고 끓인 것으로 짙은 색을 내지 않고 맛만 우려내고, 제공하고자 하는 요리의 특성에 따라 채소와 향신료를 가감한다.

● 브라운 스톡Brown Stock

브라운 스톡은 브라운 소스를 만드는 데 기본이 되는 것을 말한다. 만드는 방법은 먼저 송아지뼈나 소뼈를 오븐에서 짙은 갈색을 내고, 미르포와Mirepoix는 프라이팬에 기름을 살짝 두르고 오랫동안 볶아 Caramelizing(야채와 기타 식재료를 오븐이나 프라이팬을 이용해 높은 열을 가하여 재료 속에 포함된 당분들이 갈색이 되도록 하는 것)하여 각종 Spice(향신료)와 함께 끓이는 것이다. 색은 갈색이 나도록 하되 혼탁하지 않게 끓이고 좋은 향이 나야 한다.

● 생선 스톡Fish Stock

생선을 이용한 수프나 소스에 사용하는 스톡으로, 비린내가 나지 않도록 하고 깨끗해야 하며 좋은 향이 나야 한다. 끓이는 방법은 먼저 생선뼈나 살을 물에 3~4시간 담가서 핏물과 기타 불순물을 완전히 제거한 다음 사용한다. 생선뼈는 끓는물에 넣고 30~40분 정도이면 향과 영양성분이 충분히 우러나기 때문에, 장시간 끓이지 않도록 하고, 미르포와Mirepoix도 작고 얇게 썰어야 생선뼈와 같이 짧은 시간 안에 영양성분과 향을 우려낼 수 있다.

● 갑각류 스톡Shelfish Stock

갑각류(새우나 바다가재, 또는 게의 껍질)로 생선뼈를 대신하며, 뜨겁게 달군 오일에 색깔이 깊어지도록 껍질을 볶아주거나 오븐에서 색을 낸다. 기본적인 미르포와Mirepoix를 넣어서 짙은 갈색이 될 때까지 볶아주고, 토마토 페이스트를 넣고 색과 향이 깊어지고 신맛이 없어지도록 약한 불에서 타지 않도록 볶아준 후, 찬물을 붓고 물이 끓으면 불을 낮추고 불순물을 걷어내면서 40분 정도 우려낸 후 걸러서 만든다.

● 야채 스톡Vegetable Stock

야채 스톡은 주요리의 용도에 맞춰 여러 가지 야채와 향신료를 사용하여 만드는 경우도 있고, 단일 야채만을 사용할 때도 있다. 육류나 생선이 들어가지 않아 깔끔한 맛이 나며 채식주의자Vegetarian를 위한 요리에도 사용된다.

6) 소스의 이해

(1) 소스의 개요

소스Sauce에 내한 어원은 '소금을 치다'라는 뜻의 라틴어인 '삼수스Salsus'에서 유래된 말인데, 이는 소금이 항상 모든 요리의 기본적인 양념이었기 때문이다. 소스가 만들어진 배경에는 크게 두 가지 가설이 있는데, 냉장시설이 없었던 옛날에 변질된 음식의 맛을 감추기 위해 만들어졌다는 설과, 좋지 않은 식재료의 품질로 만든 요리의 맛을 증진시키기 위해 조리사들이 개발했다는 설이 있지만, 대부분의 요리에 소스는 가미된다.

프랑스와 영국 등 유럽 전역과 미국, 일본 등지에서는 'Sauce'라고 부르며, 이탈리아와 스페인에서는 'Salsa' 독일은 'Sosse'로 불리고 있다. 소스는 고대 로마시대부터 사용되어 왔으며, 프랑스가 이탈리아요리를 계승하여 연구하기 시작하면서 더욱 발전시켰다. 17~18세기에 접어들면서 베샤멜, 미르쁘와, 뒤셀, 마요네즈와 같이 좀더 세련되고 향기로운 소스들이 등장하기 시작하였다.

소스Sauce란, 주 요리에 곁들이거나 조리를 할 때 사용하는 것으로 뜨겁거나 차가운 액체 양념을 일컫는 말이다. 서양요리에서는 음식의 맛을 한층 더 좋게 하고, 주요리의 색채를 더욱 빛나게 하여 조화를 이루게 하는 중요한 역할을 하기 때문에 소스가 곁들여지지 않는 요리는 있을 수 없다고 해도 과언이 아니다. 소스를 만드는 방법은 잘 끓인 스톡에 향신료를 넣고 풍미를 낸 다음, 농후제를 이용하여 반 유동상태로 만들어 사용하였다. 오늘날에는 소스를 가미하지 않고 기본양념으로 대신하기도 한다.

(2) 소스의 용도

1 시각적인 흥미

소스는 윤기나 빛깔을 더해 줌으로써 요리의 모양 등 공간의 미를 살려준다.

2 소스의 조화

전통적인 소스의 조합은 음식 구성의 모든 영역에서 조화를 오랫동안 잘 이루어왔다. 맛과 질감, 시각적인 효과와 소스를 선택할 때에는 상황에 따른 제공방식에 적절하게 맞추어야 한다. 소스는 주재료의 조리기술과 음식자체의 향미와 잘 조화를 이루어야 한다.

3 소스를 가하는 방법

요리를 제공할 시 소스를 뿌려준 음식, 그리고 접시의 온도를 확인해야 하며, 뜨거운 소스는 아주 뜨거워야 하며, 유화시킨 홀랜다이즈와 같은 소스는 분리되지 않도록 뜨겁지 않고 따뜻하게 보관해야 분리되는 현상을 방지할 수 있다. 소스가 요리를 완전히 덮지 않아야 하지만, 한 번 먹을 때마다 충분한 양의 소스가 되도록 해주어야 한다. 너무 많은 소스가 접시에 뿌려진다면 요리의 간에 균형을 깨뜨릴 수 있다.

(3) 소스 농후제Sauce Thickening Agents

농후제란, 소스와 수프의 농도를 조절하는데 쓰이는 식품을 총칭하는 말이며, 종류를 살펴보면, 루Roux, 녹말Starch, 크림Cream, 달걀노른자Egg York 등이 있다. 농후제는 음식을 씹을 때 입안에 머무르는 시간이 늘어나게 하여 음식의 감촉을 좋게 하고 맛의 느낌을 확대시켜 주는 역할을 한다.

1 루Roux 만들기

밀가루와 버터를 1:1로 섞은 다음, 팬에 넣고 볶은 것을 말한다. 루는 3가지로, 일반적으로 사용하고자 하는 소스의 색에 따라 3가지로 만들어 이용한다.

- 화이트 루White Roux : 흰색 계통의 수프나 요리에 사용한다.
- 브론디 루Blond Roux : 은은한 향을 필요로 하는 소스 혹은 노란색을 띠는 요리에 주로 사용한다.
- 브라운 루Brown Roux : 육류 계통의 요리 등 향이 강하고 짙은 소스에 주로 사용되는 것으로, 짙은 브라운 색이 나도록 타지 않게 볶는 것이다.

(4) 소스의 분류Classification of Sauce

1 색에 의한 소스의 분류

소스의 분류는 모체소스와 파생소스로 구분할 수 있으며, 좀더 세분화한다면 색상에 따라서 분류도 가능하다. 소스의 분류는 어떤 원칙이나 문헌상으로 규정된 것은 없으나 모체소스를 기본으로 파생소스를 분류하고, 일반적으로는 색에 의한 분류, 주재료 용도별로 사용에 따른 분류로 구분할 수 있다.

색(Color)	모체소스(Mother Sauce)	파생소스(Derived Sauce)
갈색 (Brown Sauce)	 혼드 뷰(Fond de Veau) 데미그라스(Demi Glace)	포트와인 소스(Porto Wine Sauce) 버섯(Mushroom) 로벗소스(Robert) 샤토브리앙(Chateaubriand) 비가라드(Bigarade) 헌터(Hunter) 페리규(Perigueux) 페리구르뎅(Perigourdin) 디아블(Diable) 피난시에르(Financere) 허브(Fine herb)

색(Color)	모체소스(Mother Sauce)	파생소스(Derived Sauce)
붉은색 소스 (Red Sauce)	 토마토 소스(Tomato Sauce)	나폴리탄(Napolitan) 피자(Pizza) 피스디(Pasta) 프로방살(Provencale) 볼로네이즈(Bolonnaise) 칠리토마토(Chili tomato) 피가로(Figaro) 밀라노식(Milanaise)

색(Color)	모체소스(Mother Sauce)	파생소스(Derived Sauce)
노란색 소스 (Yellow Sauce)	 홀랜다이즈 소스(Hollandaise Sauce)	무슬린(Mousseline) 베어네이즈(Bearnaise) 샹틸리(Chantilly) 말테즈(Maltase) 호요트(Foyot)

색(Color)	모체소스(Mother Sauce)	파생소스(Derived Sauce)
미색 (Blonde Sauce)	 벨루테 소스(Veloute Sauce)	알르망데(Alleamande) 노르망디(Normandy) 카디날(Cardinal) 슈프림(Supreme) 알브페라(Albufera) 베르시(Bercy)

색(Color)	모체소스(Mother Sauce)	파생소스(Derived Sauce)
흰색 소스 (White Sauce)	 베샤멜 소스(Bechamel Sauce)	모르네이(Mornay) 난투아(Nantua) 모던(Morden) 슈비즈(Soubise) 겨자(Mustard) 케이퍼(Caper) 크림(Cream)

7) 기본적인 조리용어

용어	영문	내 용	
거칠게 자르기	Coarse Chopping	야채를 일정한 간격으로 자르기	프랭타니에르 지다니에르
다지기	Mincing	마늘, 파슬리, 양파 등을 다지기	
올리베뜨	Olivette	페어링나이프 또는 투르네나이프로 야채를 4면이나 6면으로 5㎝ 정도로 풋볼 모양으로 자르기	
투르네	Tourne	페어링나이프 또는 투르네나이프로 야채를 4면이나 6면으로 5㎝ 정도로 풋볼 모양으로 자르기	
쉬포나드	Chiffonnade	잎채소나 허브를 잘게 썰기	
론델레	Rondelle	당근이나 오이 등을 둥글게 또는 얇게 써는 것	
당근 비치	Vichy Carrot	실린더 형으로 만든 당근을 0.6×0.8㎝ 정도 두께로 잘라 원반 형태로 자르는 방법	
제스트	Zest	레몬이나 오렌지 등의 껍질이나 외피의 바깥부분을 떠서 색이나 향기를 배가하는 것	
피망껍질 벗기기	Peeling Sweet Pepper	피망을 직화로 태워서 피막 제거	
토마토 콩카세	Tomato Concasse	가로·세로 1.5cm의 주사위형으로 자르기	
사과 돌려깎기	Turning Cut Apple	칼을 상·하로 내려 자르기	

용어	영문	사이즈	비고
가는 쥘리엔	Fine Julienne	2×2×25~50㎜	브루노와즈
쥘리엔(알뤼메트)	Julienne / Allumette	4×4×25~50㎜	성냥개비형
바토네	Batonnet	6×6×50~60㎜	작은 다이스
브루노와즈	Brunoise	2×2×2㎜	
작은 다이스	Small Dice	6×6×6㎜	
중간 다이스	Medium Dice	12×12×12㎜	
큰 다이스	Large Dice	20×20×20㎜	
큐브	cube	1.5×1.5×1.5㎝	주사위형
롱젠제	Lozenge		마름모형

- Glazing : 설탕이나 버터, 고기즙 등을 졸여서 코팅시키는 조리방법이다.
- Chopping : 칼이나 Chopper로 재료를 잘게 써는 것이다.
- Mince : 아주 작은 조각으로 썰거나 다지는 것이다.
- Monter : 소스나 수프를 끓일 때 마지막에 버터 등을 넣어 맛을 살려주는 것이다.
- Simmer : 끓이지 않고 식지 않을 정도의 약한 불에서 조리하는 것이다.
- Creaming : 버터나 마가린을 스푼이나 다른 것으로 부드러워질 때까지 치대는 것이다.
- Glace : 설탕, 시럽을 얇게 어떤 음식에 바르는 것이다.
- Sear : 강한 불에서 빨리 음식의 겉만 누렇게 지지는 것이다.
- Parboil : 아주 푹 익히지 않고 대강 익도록 끓이는 것이다.

- Basting : 음식이 건조해지는 것을 방지하거나 맛을 더 내기 위하여 버터나 기름, 국물 등을 끼얹는 것이다.
- Whip : 거품이나 포크를 사용하여 빠른 속도로 거품을 내고 공기를 함유하게 하는 동작이다.
- Mariner : 액체나 걸쭉한 소스류에 담가서 재워두는 것이다.
- Napper : 요리에 소스나 젤리는 덮는 것이다.(스테이크 위에 소스를 올리는 것)
- Parisienne : 야채나 과일 등을 동그란 모양으로 파내는 것이다.
- Slice : 야채나 과일 등의 재료를 얇게 써는 것이다.
- Ciseler : 생선이나 육류에 간이 고루 베일 수 있도록 칼집을 넣는 것이다.
- Flamber : 볶거나 굽는 요리에 술을 넣어 불을 붙이는 것이다.
- Lier : 소스나 수프 등에 전분이나 밀가루, 계란 등을 이용하여 농도를 내는 것이다.
- Gratinating : 요리에 Lutter, Cheese, Cream, Sauce, Crust, Sugar 등을 올려 Broiler 또는 오븐 등에서 열을 가해 색깔을 내는데 주로 사용하는 방법이다.

4. 허브와 향신료

1) 허브의 정의

'푸른 풀'을 의미하는 라틴어 허바Herba가 어원이다. 방향성을 가진 식물의 잎을 그대로 사용하거나, 말린 것을 음식에 적절하게 사용하여 어울리는 맛을 더해주는 것으로 꽃과 종자·줄기·잎·뿌리 등을 약이나 향신료 등으로 사용하는 식물을 말한다.

2) 허브의 종류

딜Dill

· 미나리과의 한해살이풀인 딜을 이용한 향신료로 씨는 소화, 구풍, 진정, 최면 효과가 뛰어나고, 구취제거와 동맥경화증 예방에 좋으며, 베갯속으로 사용하면 숙면을 취할 수 있다.
· 정유성분에 의한 생선요리에 넣는 대표적인 허브이다.

레몬밤Lemon Balm

· 레몬과 유사한 향이 있으며, 이 향은 감정을 편안하게 진정시켜 주며 심장박동 수를 낮추고 혈압을 낮추는 효과와, 전갈이나 독거미에 물렸을 때 해독작용이 있고 설사를 완화시키며 바이러스를 막는 효과가 있다.

· 샐러드나 수프, 소스, 오믈렛, 육류나 생선요리 등의 맛을 내는데 이용한다.

레몬버베나Lemon verbena

· 잎을 손수건에 문지르면 향수를 뿌린 듯하고, 뜰에 심으면 콜레라를 미리 막을 수 있다고도 한다. 유럽에서는 잎에서 향료를 채취하여 화장품 등을 만들고 차로 마시거나 음식물에 향기를 내는 재료로 사용한다.

로즈마리Rosemary

· 잎과 잔가지는 육류 요리에 향을 내는데 쓰이고, 꽃은 설탕 절임을 하여 과자로 만들며, 잎은 차로 이용한다.

· 뽑아낸 기름은 화장품이나 비누의 방향제로 쓰이고, 잎과 꽃은 향주머니와 향단지로 이용하고, 옛날 기록에 의하면 로즈마리의 향이 뇌의 기능과 기억력을 높인다고 하였으며, 꽃말은 '절조와 정절'이다.

애플민트Apple mint

· 잎으로 허브차를 만들어 마시면 소화불량이나 피로회복에 효과가 있고, 유럽에서는 고기요리에 반드시 들어가는 향신료이며, 생선요리, 달걀요리 등에도 사용한다.

· 살균소독, 건위강장, 진정 및 진통작용에 좋고, 입 냄새를 없애는 효과도 있어 치약에 넣기도 하며, 비누, 입욕제, 포푸리 등으로 사용한다.

스피아민트Spearmint

· 동양산 박하는 멘톨 함유량은 많으나 향기가 별로 없어 향신료로서 적당하지가 않다.

· 양고기요리에 필수적이며 소스, 과자류 등에도 많이 사용한다.

바질Basil

· 잎이나 줄기는 말려서 요리의 향신료로 쓰이고, 방향유는 음료나 비누의 향기를 내는 데 이용한다.
· 오시멘, 알파피넨의 성분이 있고 진해, 해열,해독,설사,변비, 월경불순 등의 약재로도 사용한다.
· 해산물요리에 많이 사용되고 이탈리아요리에 빠질 수 없는 향신료이다.

세이지Sage

· 세이지는 약용 살비야라고도 부른다. 정유의 주성분은 알파피넨, 세스퀴테르펜, 보르네올 등으로 향기가 있어 소스, 카레, 돼지고기요리 등의 향미료로 사용된다.
· 약용으로는 잎을 삶아서 인후염 및 위장염에 사용하고, 방부, 향균, 항염 등 살균 소독작용이 있으며 염증의 소염제로도 이용되었고, 중풍이나 심한 운동 뒤의 피로도 씻어 주는 작용을 한다.

오레가노Oregano

· '꽃박하'라고도 하며, 톡 쏘는 박하 같은 향기가 특징으로 병충해와 추위에 잘 견디며 야생화의 강인함이 돋보이는 허브이다.
· 독특한 향과 맵고 쌉쌀한 맛은 토마토를 이용한 이탈리아요리, 특히 피자에는 빼놓을 수 없는 향신료이고, 칠리파우더, 칠리콘카르네 등의 멕시코요리와 스파게티, 오믈렛, 비프스튜, 양고기요리, 토마토 주스에도 많이 쓰이며 프랑스요리의 기본이라고 하는 많은 소스에 사용한다.

차이브Chives

· 과수원에 심으면 사과가 부패되는 병을 막아준다.
· 고기요리, 생선요리, 조개, 수프 등 각종 요리에 사용한다. 식욕증진, 혈압강하, 빈혈예방, 변비해소 등의 효과가 있다.

처빌Chervil

· 미식가의 파슬리라고 불리고, 프랑스요리에 많이 사용한다.
· 어린 잎은 샐러드에 넣어 날 것으로 먹으며 생선요리, 수프, 소스 등에 사용하고 타라곤, 파슬리, 차이브와 함께 사용하면 좋다. 상처나 염증에도 치료 효과를 볼 수 있으며 벌레 물린 곳이나 거친 피부를 부드럽게 하고자 할 때에도 사용하며, 탈모나 주름살 방지에도 효과적인 허브이다.

타라곤Tarragon

· 소스, 샐러드 등에 사용한다.
· 초에 넣어서 타라곤비니가Tarragon Vinegar라고 하여 달팽이요리에 조미료로 사용한다.

파슬리Parsley

· 아피올이 들어 있어 독특한 향기가 나므로 요리, 수프, 소스, 샐러드, 튀김 등에 사용하였고, 식중독을 예방한다고 하여 로마시대에 화환에도 사용했다.
· 서양요리에서는 뺄 수 없는 채소로서 가지를 그대로 쓰거나 기름에 튀겨서 쓰며, 잘게 썰어서 요리에 사용하고, 비타민 A와 C, 칼슘과 철분이 많다.

월계수잎Bay leaf

· 향기가 좋아서 요리나 차에 사용하고, 열매와 잎을 건위제나 종기를 없애는 약재로도 사용한다.
· 육류 절임, 스톡, 소스, 육류, 가금류, 생선 요리 등에 많이 사용한다.

회향Fennel

· 각종 여성병의 치료에 효과가 높으며, 차를 마시면 갱년기증상이 줄어들고 산모의 모유량이 많아진다.
· 식욕을 돋우고 소화가 잘되게 하며 스트레스 해소와 숙면에도 효과가 있고, 이뇨작용도 있어 체중감량과 비만방지를 위해 이용되기 때문에 다이어트 허브라고도 불린다. 포도주, 피클, 빵, 소스, 카레 등의 부향제로도 인기가 있으며, 생선의 비린내, 육류의 느끼함과 누린내를 없애고, 화장품의 부향제로도 사용한다.

타임Thyme

· 방부작용, 향균작용 등 다양한 효능이 알려져 고대부터 시체를 보관하거나 항생제로 사용하고 호흡기질환에 향균작용, 거담작용을 하며, 두통, 우울증 등 신경성 질환이나 빈혈, 피로에 좋고, 피부를 맑게 한다.

2) 향신료Spice

식물의 뿌리, 열매, 껍질, 가지 등에서 얻는 말린 상태Whole, 가루Powder 형태로 사용하는 방향성 물질로, 음식에 독특한 향기를 내는 것을 말한다.

육두구

· 육두구를 말려서 방향성 건위제, 강장제 등으로 사용한다.
· 서양에서는 메이스와 함께 향미료(香味料)로 사용하고, 육두구와 메이스의 최대 산지는 인도네시아이며, 메이스는 특히 생선요리, 소스, 피클, 케첩 등에 많이 사용한다.

마늘Garlic

· 모든 음식의 조리에서 필수적인 양념으로 많이 쓰인다.
· 고기의 비린내를 없애주고 맛을 좋게 하며 함께 먹으며 단백질을 응고시켜 위에 대한 자극을 가볍게 하여 소화를 도와준다.
· 곰팡이를 죽이고 대장균, 포도상구균 등의 살균효과가 있고, 탄수화물(스크로토스)과 아미노산의 일종인 알리인Alliin이 들어 있다.

파Leek

· 칼슘, 염분, 비타민 등이 많이 들어 있고, 특이한 향취가 있어서 생식하거나 요리에 널리 사용된다.
· 거담제, 구충제, 이뇨제 작용을 한다.

양파Onion

· 독특한 냄새는 이황화프로필, 황화알릴 등의 화합물 때문이고, 이것은 생리적으로 소화액 분비를 촉진하고 흥분, 발한, 이뇨 등의 효과가 있다.
· 각종 비타민과 함께 칼슘, 인산 등의 무기질이 들어 있어 혈액 중의 유해물질을 제거하는 작용을 하고 샐러드나 수프, 그리고 고기요리에 많이 사용되며 각종 요리에 사용된다.

생강Ginger

· 생강은 외감성 감기로 인한 오한, 발열, 두통, 구토, 해수, 가래를 치료하며 식중독으로 인한 복통설사에 효과적이다.
· 약리작용으로 위액분비 촉진, 소화력 증진, 심장흥분 작용, 혈액순환 촉진, 억균작용 등이 있고 생선 비린내를 제거하는 데도 효과적이다.

고추Hot Pepper

· 고추의 매운맛은 캅사이신이라고 하는 염기성분 때문이며, 붉은 색소의 성분은 주로 캅사틴으로 관상용, 약용(중풍, 신경통, 동상 등)으로도 쓰인다.
· 잎은 나물로 먹고, 풋고추는 조려서 반찬으로 하거나 부각으로 만들어 먹는다.

검정후추Black Pepper

· 성숙한 열매의 껍질을 벗겨서 건조시킨 것은 색깔이 백색이기 때문에 흰 후추라고 하며 구풍제, 매운맛, 건위제 등으로 사용한다.
· 녹색 통후추를 건조시켜 만든 것으로, 일반적으로 검정후추가 더 맵고 톡 쏘는 맛이 강하다.

정향Clove

· 16세기 포르투갈인들이 몰루카제도에서 이 식물을 발견하기 전까지는 정체를 알 수 없었으며, 처음에는 포르투갈의 전유물이었으나 네덜란드에 전해졌다.
· 식품, 약품, 방부제 등에 쓰거나, 발작증을 비롯하여 치과에서 진통제 등으로 사용하고, 산출량이 적어 꽃봉우리 뿐만 아니라 꽃대와 열매까지도 모두 이용한다.

코리엔더Coriander

· 고수는 한해살이풀로 지중해 연안 여러 나라에서 자생한다.
· 생선요리, 빵이나 케이크에 넣어 사용하며, 분말은 소시지에 넣거나 카레, 구이용 육류요리에 사용된다.
· 설사를 동반한 하복부 통증을 완화시키고, 연고는 치질 증상이나 관절 통증을 완화하는 데 사용된다.

5. 서양요리의 식재료

1) 채소류

방울토마토Cherry Tomato

· 라틴아메리카 서부 고원지대가 원산지이고 높이는 1m 안팎으로 병충해에 강하며, 일반 토마토보다 당도가 높다.
· 생김새는 둥근 꼴이며 7~9월에 재배한다.

치커리Chicory

· 국화과 여러해살이풀이다.
· 잎은 피침상 난형 또 피침형으로 가장자리가 밋밋하고, 뒷면은 털이 있다.
· 잎은 식용을 하고 굵은 뿌리는 건조시켜 음료를 만드는 데 쓰인다. 주로 샐러드로 사용한다.

라디치오Raddichio

· 이탈리아가 원산지인 치커리의 한 종류이다.
· 결구시켜 포기로 수확한 것을 라디치오, 잎을 하나씩 뜯은 것을 레드 치커리라 부른다.

청경채Pak Choi

· 중국 배추의 한 종류로 중국요리에 많이 이용되며, 각종 샐러드로 이용된다.
· 배추의 한 종류로 특별한 맛이나 향은 없고 매우 연하며 칼륨, 비타민 A, 비타민 C, 칼슘 등이 함유되어 있다.

엔다이브Endive

· 연한 잎을 봄철에 식용하며 상추처럼 주로 샐러드로 이용되고, 굽거나 익혀 먹어도 맛이 좋다.
· 쌉싸래한 맛으로 입맛을 돋우며, 겨울과 여름에 샐러드 등에 사용할 수 있다.

새송이버섯King Oyster Mushroom

· 원산지는 남유럽 일대이며, 북아프리카·중앙아시아·남러시아 등지에도 분포한다.
· 수분함량이 다른 버섯보다 적어서 저장기간이 길며, 이로 인해 버섯의 최대 단점인 짧은 유통기한을 늘릴 수 있는 것이 장점이다.

그린비타민Green Vitamin

· 각종 비타민이 풍부하고 혈액순환 및 위를 튼튼하게 해주며, 샐러드 전용 야채로 이용된다.

적상추Lettuce Red

· 붉은색을 띤 상추로 잎이 두꺼우며 약간 쓴 맛이 있다.
· 철분이 많아 혈액을 증가시키고 피를 맑게 해주며 화병을 풀어주고, 비타민 A와 비타민 B군, 철분과 칼슘, 히토신, 리신 등의 필수아미노산이 풍부하다.

로메인상추Lettuce Romane

· 상추의 일종으로 배추처럼 잎이 직립하여 포기가 지면서 자란다. 칼슘, 칼륨, 인 등이 풍부해서 피부건조를 막고 잇몸병에 좋다.

롤라로소Lollo Rosso

· 잎이 조화가 가장 아름답고 맛 또한 매우 좋으며, 부드러운 맛을 내며 아삭아삭하고 부드러운 잎상추이다.

오크립Oakleaf Lettuce

· 유럽 상추의 한 품종으로 맛이 아삭거리며 단맛이 나고, 잎줄기가 도톰해서 즙이 많아 신진대사에 좋고, 고기요리에 어울린다.

무순Mustard Cress

· 새싹채소의 한 가지이다. 무의 싹을 말하며, 비타민과 카로틴이 풍부하고, 매콤한 맛이 있다.

겨자잎Mustard Green

· 잎이 무잎과 비슷하며 맛이 매운 편이다. 주로 샐러드에 이용되며 생선회에 곁들이면 비린내를 제거 또는 약하게 한다.

레드어니언Onion Red

· 혈액 속의 불필요한 지방과 콜레스테롤을 없애고 동맥경화, 고지혈증에 좋다.
· 길쭉하고 부드러우며, 때로는 달고 생으로 얇게 썰어 장식에 사용되기도 한다.

파프리카Paprika

· 단맛이 많고 아삭아삭하게 씹히는 질감이 좋아 샐러드용으로 많이 사용된다.
· 오렌지의 4배에 가까운 비타민 C를 함유하고 있다.

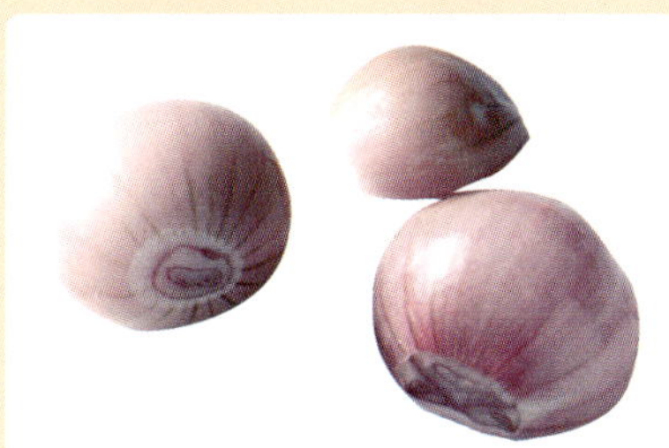

샬롯Shallot

· 프랑스요리에 많이 사용하고, 생선요리, 육류, 샐러드 등 수많은 요리에 쓰이다. 비타민, 철분, 마그네슘이 다량으로 함유되어 있다.

적샐러드 바울 Salad Bowl Red

· 샐러드 그릇을 뜻하는 것으로 그만큼 샐러드에 많이 이용된다.
· 칼슘, 칼륨, 인, 나트륨, 철 등 각종 미네랄과 비타민 A와 C, 엽산을 함유하고 있고, 탈모 예방에도 좋다.

크레숑, 물냉이 Water Cress

· 유럽과 아시아가 원산지이고, 어린잎을 생으로 먹고, 줄기 위 끝을 샐러드에 쓰며, 육류요리에 가니시로 곁들이며 매운맛이 있다.

케일Kale

· 양배추의 일종으로, 녹즙이나 쌈채소, 샐러드용으로 쓰이고, 신경통 치료와 고혈압에 좋다.
영국에서 Cole 또는 Cabbage라고 불린 네서 유래되었다.

파슬리Parsley

· 독특한 향기가 나므로 요리, 수프, 소스, 샐러드, 튀김 등 많은 요리에 사용되고, 비타민 A와 C, 칼슘과 철분도 많다.

비트Beet

· 외국에서는 뿌리를 이용하지만, 최근 국내의 소비는 잎을 더 이용한다.
· 영양, 효능으로는 비타민, 무기질은 적고 당질이 많이 들어 있어 어린이의 골격형성에 좋고, 즙은 간에 좋다.

잎파슬리Leaf Pasley

· 은은한 향과 씹는 맛이 좋아 샐러드, 수프, 샌드위치에 넣어 먹고, 비타민 A, B, B_2, C가 골고루 들어 있다.

쏘렐, 수영 Sorrel

· 오렌지나 레몬이 필요한 요리에 대용으로 사용된다.
· 비타민 C가 풍부해서 여행 시 괴혈병 예방을 위해 휴대해 먹었다고 전해지며, 수영잎에 이뇨작용 성분이 들어 있어서 담석치료에 이용효과를 보았다고 전해지며 식욕증진 효과가 있다.

로즈, 엽목단 Ornamental Kale

· 서양에서는 식재료, 장식용으로 요리 밑에 깔거나 어린잎을 다른 채소와 어울리게 놓고 식욕을 돋구는 데 이용된다.
· 잎에는 칼슘, 철, 베타카로틴, 비타민 E와 C가 많이 함유되어 있다.

아보카도Avocado

· 열대 아프리카가 원산지이고, 주산지는 중미의 멕시코, 과테말라이다. 샐러드와 주스 등에 이용된다.

코코넛Coconuts

· 말레이시아에서 폴리네시아 지역의 열대지방이 원산지이다.
· 위와 장을 편안하게 해주고, 간에 좋은 중성지방과 지방산 및 칼슘이 많이 함유되어 있어 골다공증 예방에도 좋다.

시금치Spinach

· 페르시아 지역이 원산지이고 중국으로 넘어갔다고 전해지며 샐러드와 볶아서 부재료로 이용된다.

배추Cabbage

· 중국이 원산지이다.
· 비타민 C와 섬유질, 칼슘 등이 다량으로 함유되어 있고, 암을 억제시켜주는 항암효과도 있다.

아스파라거스Asparagus

· 유럽남부와 남부러시아 폴란드 초원이 원산지이다.
· 따뜻한 성질의 채소로, 피로회복과 빈혈, 고혈압에 좋고, 아미노산의 하나인 아스파라긴산이 다량으로 함유되어 있다.

양상추Head Lettuce

· 유럽남부와 서아시아가 원산지로 샐러드에 이용된다.

· 식이섬유가 풍부하게 들어있어 숙변을 제거하고 변비해소에 좋으며, 함질소 염기성 화합물인 알카로이드라는 성분은 신경을 안정 효과와 불면증 해소에 좋고, 비타민 C가 풍부해 골다공증 예방에 좋다.

브로콜리Broccoli

· 남유럽과 이탈리아가 원산지로 비타민 C가 풍부하다.

· 빈혈에 도움이 되는 철분 함량도 채소 중에서 단연 으뜸으로 꼽히고, 비타민 C와 식이섬유도 풍부하여 변비, 대장암 예방에 효과가 있다.

가지Egg Plant

· 인도 동부 또는 동남부가 원산지로서 아프리카와 중국에 전파되면서 우리나라에 들어왔다.

· 식이섬유소는 장내의 노폐물을 제거해주어 장질환을 예방해주는 효과가 있으며, 폴리페놀이라는 성분을 함유하고 있어서 발암물질을 억제하는 기능과 비타민 함량이 높아 만성피로에 좋다.

오이Cucumber

· 인도 서북부의 히말라야 산맥 남부가 원산지이다.

· 강알칼리성 식품으로 산성화된 몸을 중화시키고, 이뇨작용이 있어 부기를 가라앉혀주며 열을 내리는 해독효과가 뛰어나고, 가려움증이나 땀띠 등에도 효능이 있으며, 비타민 C는 신진대사를 원활하게 해주는 효능이 있다.

당근Carrot

· 비타민 C를 파괴하는 효소가 있다.

· 혈압과 콜레스테롤을 낮추고 강심작용이 있으며 항암, 항염, 항과민작용이 있고, 수은을 배출하는 작용과 보혈작용이 있어 눈을 밝게 하고 가래를 없애며 어린이 성장발육에 좋다.

무Radish

· 십자화과의 한해살이풀 또는 두해살이풀이다.

· 디아스타제 효소와 아밀라아제가 함유되어 있어 소화를 돕고, 카탈라아제 성분은 독성물질과 과산화수소를 분해하고 독소를 배출하는 데에 도움을 준다.

쥬키니Zucchini

· 원산지는 미국 남부와 멕시코 북부이고, 유럽에서는 오래 전부터 사용하였으며, 일반호박은 완전히 숙성한 열매를 먹는데 비해, 쥬키니는 개화한 뒤 5~7일 정도 지난 미숙한 열매를 먹는다.

콜리플라워Cauliflower

· 지중해 연안이 원산지이다.

· 설포라판을 함유하고 있어서 암의 발생을 억제하고, 비타민과 미네랄이 풍부하며 콜린이라는 물질은 뇌의 활성화를 도와서 기억력 감소를 억제하는 효과가 있다.

실파Spring onion

· 중국서부가 원산지이다.

· 비타민과 칼슘, 철분 등이 많아 위 기능을 돕고 감기를 막는 효과가 있다. 특히 어류의 해로운 독을 해독시키고 비린내를 중화시켜준다.

아티초크Artichoke

· 엉겅퀴과 다년초로 육질이 연하고 맛이 담백할 뿐만 아니라 영양가도 풍부하며 단백질, 비타민 A, C, 칼슘, 철, 인, 당류, 이눌린 등이 함유되어 약용으로도 이용하고 이탈리아요리에 많이 사용된다.

2) 과일류

과일의 구조는 외과피, 종자, 과육부로 되어 있으며, 과육의 발달된 형태에 따라 다음의 6가지로 분류할 수 있다.

인과류	사과, 배 등과 같이 자방의 외측부분이 발달하여 과육부가 된 것이다.(중앙부에 과심이 있고 그 안에 종자가 있음)
준인과류	감귤류 등과 같이 자방의 발달에 의해서 형성된 진과이다.
핵과류	복숭아, 자두, 대추 등과 같이 내과피가 단단한 핵을 이루고 그 안에 종자가 들어 있으며, 중과피가 과육을 이루고 있다.
장과류	포도, 무화과, 딸기 등과 같이 하나의 과실이 하나의 자방으로 된 것으로, 과육이 두꺼운 주머니 형으로 되어 있다.
견과류	밤, 호도 등과 같이 외과피가 아주 단단하고 식용부위는 두류나 곡류처럼 자엽인 과실이다.
열대과일류	바나나, 파이애플, 키위, 아보카도 등과 같이 열대나 아열대지방에 분포하는 과일로 실온에 보관한다.

사과Apple

· 대표적인 생산국은 미국, 중국, 프랑스, 이탈리아, 터키 등이 있다. 날로 먹거나 잼, 주스, 술, 식초, 파이, 타트, 젤리, 무스, 셔벗 등을 만든다.

· 유럽에서는 소시지나 고기요리에 튀긴 사과나 사과소스를 쓰고, 스튜를 만들거나 감귤류로 젤리나 무스를 만들 때 사과나 사과즙을 넣어 맛과 향을 더한다.

· 깎아서 공기 중에 두면 과육이 갈색으로 변하는데, 이를 예방하려면 1L의 물에 1의 소금을 넣어 만든 소금물에 담그면 방지한다.

배Pear

· 배나무의 열매로 서양배와 중국배, 남방형 동양배로 나뉘는데, 그 생김새와 맛이 각각 다르며, 한국에서는 남방형 동양배를 주로 재배한다.

· 기관지 질환에 효과가 있어 감기, 해소, 천식 등에 좋으며 배변과 이뇨작용을 도와준다.

· 날로 먹거나 주스, 통조림, 잼, 배숙 등을 만들어 먹고, 배잼은 여러 음식과 잘 어울려 다양한 요리의 재료로 쓰이고, 연육효소가 들어 있어 고기를 연하게 할 때 갈아서 이용된다.

오렌지Orange

· 인도가 원산지로서 날로 먹거나 주스, 마멀레이드를 만들어 먹고 각종 요리와 과자 재료로 쓰이며, 고기요리에 상큼한 맛과 향을 내는 오렌지 소스로도 사용된다.

· 껍질에서 짜낸 정유는 요리와 술의 향료나 방향제로도 사용된다.

감귤Mandarin

- 감귤 속 상록 소교목의 열매로 흔히 귤, 밀감 또는 만다린이라고도 하는데, 대표적 알칼리성 식품으로서 신진대사를 순조롭게 하고 피부와 점막을 튼튼히 하여 감기를 예방하는 데 도움이 되며, 비타민 P가 들어 있어 모세혈관을 보호하고 고혈압을 예방하는 데 효과가 있다.
- 주로 날로 먹거나 주스로 먹고, 말린 껍질은 진피로 한약재로 사용된다.

레몬Lemon

- 히말라야가 원산지로 이탈리아, 에스파냐, 미국의 캘리포니아 및 오스트레일리아 등에서 많이 재배된다.
- 과즙에 설탕을 넣고 조려서 젤리를 만들고, 여기에 과육을 섞어서 마멀레이드를 만들어 사용하고 열매를 얇게 썰어서 새우튀김요리, 홍차, 칵테일 등에도 이용된다.

포도Grape

- 포도나무의 열매로 과일 가운데 가장 많이 생산된다.
- 당분(포도당, 과당)이 많이 들어 있어 피로회복에 좋고 비타민이 풍부해서 신진대사를 원활하게 해준다.
- 신선한 과일 그대로 먹거나 건포도를 만들어 먹고 병조림, 주스, 잼, 젤리, 식초, 술 등을 만들어 먹고, 약을 포도주스와 함께 복용하면 약의 흡수가 잘되고 효능이 높아진다.

감Persimmon

- 한국, 중국, 일본이 원산지로 서양에서는 감 먹기를 조심하고 있는데, 감의 탄닌 성분이 지방질과 작용하여 변을 굳게 하기 때문이다.
- 한방에서는 성숙과의 감꼭지가 딸꾹질, 구토, 야뇨증에 곶감은 해소, 토혈, 객혈, 이질 등을 멎게 하는 효능이 있다.

무화과Fig

- 단맛이 강하여 날로 먹거나 또는 말려서 먹거나 가공하여 요리재료로 쓰인다.
- 알칼리성 식품으로서 민간에서는 약으로도 사용하고, 고대 이집트와 로마, 이스라엘에서는 강장제나 암, 간장병 등을 치료하는 약으로 사용하였으며, 민간에서는 소화불량, 변비, 설사, 각혈, 신경통, 피부질환, 빈혈이나 부인병 등에 약으로 사용된다.
- 말려서 먹고, 잼, 젤리, 술, 양갱, 주스, 식초 등으로 가공해서 사용하기도 한다.

밤Chestnut

· 비타민 C가 많이 들어 있어 피부미용과 피로회복, 감기예방 등에 효능이 있다.
· 당분에는 위장기능을 강화하는 효소가 들어 있으며 성인병 예방과 신장 보호에도 효과가 있고 수분이 13% 정도 되도록 말리면 당도가 더 높아진다.
· 꿀, 설탕에 조리거나 가루를 내어 죽, 이유식을 만들어 먹고 통조림, 술, 차 등으로 가공하여 먹기도 하고, 각종 과자와 빵, 떡 등의 재료로도 쓰인다.

잣Pine Nut

· 향기와 맛이 좋으므로 식용하거나 약용하고, 성분으로는 지방유가 74%, 단백질이 15% 함유하며 자양강장의 효과가 있으며, 각종 요리에 고명으로 쓰이며, 죽을 끓여 먹는다.

아몬드Almond

· 지중해 연안에서 흔히 재배되며 미국의 캘리포니아주에서 대규모로 재배하기 시작한 다음 아몬드라는 이름이 널리 알려졌다.
· 잘게 빻거나 슬라이스해서 초콜릿, 아이스크림, 샐러드, 과자 및 요리에 이용된다.

피스타치오Pistachio

· 중·서아시아가 원산지이며, 날것으로 먹거나 과자, 아이스크림의 재료로 사용된다.
· 터키, 이란, 아프가니스탄, 이탈리아, 시리아에서 많이 자생한다.

땅콩Peanut

· 땅콩을 낙화생이라고도 하고 브라질이 원산지이다.
· 땅콩 종자에는 45~50%의 지방과 20~30%의 단백질이 포함되어 있어 영양가가 매우 풍부한 식품이다. 볶아서 간식용으로 먹고 땅콩버터, 과자용 등으로 널리 쓰이며, 낙화생유는 식용기름, 마가린, 기계유, 윤활유 등에 쓰인다.

복숭아Peach

· 중국이 원산지이고 실크로드를 통해 서양으로 전해졌다.
· 주성분은 수분과 당분이며 타타르산, 말산, 시트르산 등의 유기산이 1% 가량 들어 있고, 비타민 A와 폼산, 아세트산, 발레르산 등의 에스터와 알코올류, 알데 하이드류, 펙틴 등도 풍부하다.
· 과육이 흰 백도와 노란 황도로 나뉘는데, 생과일로는 수분이 많고 부드러운 백도를 쓰고, 통조림 등 가공용으로는 단단한 황도를 사용한다.

살구Apricot

· 중국이 원산지로 기원전에 아르메니아 지방에 전파되었고, 미국이 세계 최대 생산국이다.
· 날것으로 먹거나 통조림, 잼, 건살구, 넥타 등으로 가공해서 이용하고, 한방에서는 종자를 행인이라고 하고, 해열, 진해, 거담 등의 효능이 있어 기침, 천식 기관지염, 인후염, 급성폐렴, 변비에 사용된다.

자두Plum

· 중국이 원산지이며 생식할 뿐만 아니라 잼, 젤리의 원료, 통조림, 과실주 등으로도 이용된다.
· 미국에서는 건과로 이용하는 품종을 플럼이라고 하며, 마른 자두는 아침식사나 양과자의 장식으로 사용된다.

수박Watermelon

· 생식을 주로 하고, 한방과 민간에서는 구창, 방광염, 보혈, 강장 등에 사용된다.
· 수분이 많고 단백질, 당질, 비타민, 칼륨 등 몸에 좋은 성분들이 많이 함유되어 있고, 빨간색을 내는 색소는 리코펜 성분으로 항산화작용과 항암작용에 도움을 주며 아미노산의 일종인 시투룰린은 이뇨작용의 효능이 있다.

멜론Melon

· 생식하거나 아이스크림, 주스 등에 이용된다.
· 나트륨을 배설하는 칼륨을 다량으로 함유하고 있어서 체내수분 밸런스를 정돈하고 이뇨작용이 있으며 부종의 개선, 신장질환과 고혈압 예방에 효과가 있으며 피로를 회복시키고 심신을 건강하게 유지하는 효과가 있다.

딸기Strawberry

· 생식하거나 아이스크림, 주스 등에 이용된다.
· 비타민 C가 다량 함유되어 있어 피부건강에 좋고 비오틴 성분은 머릿결과 손톱 건강에 좋으며, 안토시아닌 성분은 눈을 보호하며 메탈살리실산은 소염제로서의 효능이 있다.

참외Oriental Melon

· 인도산 야생종에서 개량된 것이라고 하며, 중국에서는 기원전부터 재배하였고, 5세기경에는 현대 품종의 기본형이 생겼다고 전해진다.
· 생식으로 주로 이용된다.

파인애플Pineapple

· 중앙아메리카와 남아메리카 북부가 원산지로 신대륙에서는 옛날부터 재배하였으며, 포르투갈 사람과 에스파냐 사람들이 세계 각지에 전파했다고 전해진다.
· 생식이나 통조림, 요리 등에 사용된다.

바나나Banana

· 열대 아시아가 원산지로 날 것으로 먹는 바나나는 주로 브라질, 인도, 필리핀, 인도네시아, 에콰도르의 바나나 등이다.
· 요리용 바나나는 아프리카, 남아메리카, 아시아 등지에서 생산하고, 요리용 바나나는 기름에 튀기거나 삶고 또 굽거나 쪄서 먹는다.

망고Mango

· 세계에서 가장 많이 재배되고 있는 열대 과수로 말레이반도, 미얀마, 인도 북부가 원산지이다.
· 날로 먹기도 하고, 디저트와 과자 재료로 쓰며, 과육을 갈아 샐러드의 드레싱이나 소스, 수프 등에 사용된다.(옐로우망고, 그린망고, 애플망고)

키위Kiwi

· 중국이 원산지로 생식으로 사용하며 연육작용이 있다.

· 노화 억제작용과 성인병에 효능이 있고, 비타민 C와 비타민 E는 저지방, 저열량 식품이며 칼슘, 칼륨, 식이섬유, 엽산 등 수용성 식이섬유도 많이 함유하고 있다.

망고스틴Mangosteen

· 말레이시아가 원산지이다.

· 황산화력이 뛰어나 염증과 항바이러스에 좋고, 면역력 강화에 도움을 주며 젠톤이라는 성분은 세포 괴사와 암 증식을 억제하고 혈액순환과 아토피, 알레르기, 피부미용, 생리통 등에 효과가 있다.

3) 어패류

광어Halibut Fresh

· 두 눈이 비대칭적으로 머리의 왼쪽에 쏠려 있고, 단백질 함량이 높고 지방은 적어서 맛이 단백하다.

· 두 눈이 오른쪽으로 몰려 있으면 가자미 종류이다.

농어Sea Bass

· 살이 희며, 어린 고기보다는 성장할수록 맛이 좋고 지리, 찜, 회 등으로 이용된다.

참치Tuna

· 회, 초밥 등으로 먹으며, 최고급 어종이다.
· 고단백 저지방, 저칼로리 식품으로 기억력 향상, 콜레스테롤 감소, 치매예방 등에 뛰어난 효능이 있고 DHA가 풍부해서 뇌세포 증식에 도움을 준다.

연어Salmon

· 통조림을 만들어 먹거나 찜, 구이, 훈제 등 조리방법도 다양하며, 연어알도 인기가 좋다.
· 다른 어류에 비해 비타민 A와 D가 특히 풍부하며 단백질, 지방 등 영양소가 많다.

송어Trout Rainbow

· 1급수에서 서식하는 송어는 불포화지방산과 단백질이 다량으로 함유되어 있다.
· 연어류에 속하지만 대부분이 물이 깨끗한 담수어종이다.

참돔Red Seabream

· '바다의 여왕', '바다의 왕자'라고 불린다.
· 맛이 좋아 고급요리 재료로 치며, 도미찜도 유명하다.

뱀장어Japanese Eel

· 스태미나 음식으로 유명하며, 특히 여름철에 남성들에게 인기가 좋다.
· 뱀장어는 해수와 담수를 번갈아가며 살아가는 이주성 어종이다.

모시조개Clam Mo-Si

- 지방이 적고 단백질이 풍부하다.
- 구이나 볶음, 조림, 국, 찌개, 탕 등 다양한 조리법을 이용할 수 있다.

바지락Manila Clam

- 국물을 내는 데 주로 사용되며, 최근에는 수출용 통조림의 원료로 수요가 증가 되고 있다.

홍합Mussel

- 단맛이 나기 때문에 국에 넣거나 젓을 담그기도 하고, 쪄서 말리는 것은 제사 상의 탕감으로 쓰이거나 조림, 백숙, 초, 탕, 죽 등으로 조리한다.

굴Oyster

- 단백질과 당질의 구성이 우수할 뿐만 아니라 비타민과 무기질이 풍부하게 들어 있어 빈혈에 좋고 '바다의 우유'라고 불릴 정도로 완전식품이다.

새우Shrimp / Prawn

- 키토산을 가장 많이 함유하고 있는 저칼로리 고단백질 식품이다.
- 집게발이 없는 작은 갑각류로, 지역마다 명칭이 다르게 불리어진다. 담수, 기수, 바닷물 모두 분포하지만 대부분 바닷물에 산다.

문어Octopus

- 회, 튀김, 조림, 볶음 등 다양한 방법으로 요리된다.
- 단백질이 풍부한 저열량 다이어트식품으로 풍부한 타우린은 혈액 중의 중성 지질과 콜레스테롤을 효과적으로 억제하고 간 해독작용과 피로회복에 좋다.

오징어Cuttlefish

- 오징어류는 식용하며 갑오징어, 무늬오징어, 반디오징어, 쇠오징어, 화살오징어, 창오징어, 흰오징어 등은 수산업에서 중요한 종류이다.
- 생식하거나 마른 오징어 등으로 가공하여 이용된다.

관자Scallop

- 건조, 냉동, 훈제 키거나 삶은 후 가공품으로도 유통된다.
- 구이, 찜, 탕, 죽 등으로 조리된다.

바닷가재Lobster

- 갑각강 십각목의 가시발새우과, 닭새우과, 매미새우과, 폴리켈리다이과에 속하는 새우류이다.
- 콜레스테롤과 지방함량이 적고 비타민과 미네랄이 풍부하다.

크랩Crab

- 크랩에는 간장과 심장을 강화시키는 타우린이 많아 성인병 예방에 좋고, 구운 토마토를 함께 섭취하면 크랩에 부족한 비타민을 보충할 수 있으며, 껍질에 많이 든 키틴은 체내지방 축적을 방지하고 콜레스테롤을 낮추는 작용으로 다이어트에 효과적이다.

4) 육류

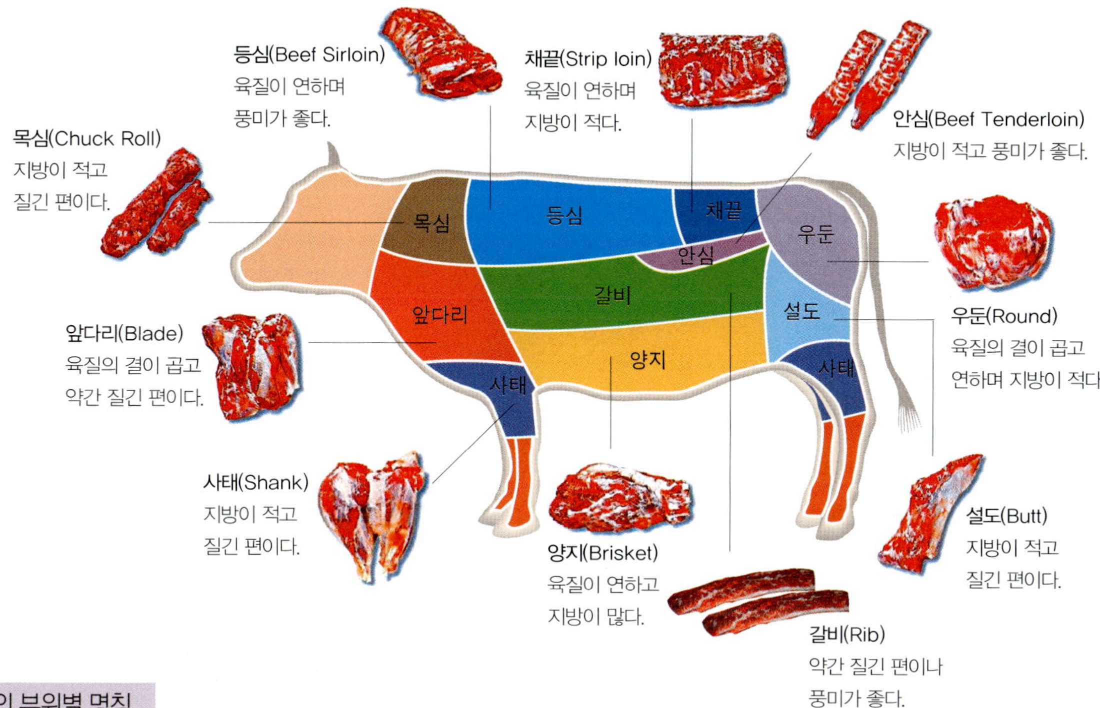

소의 부위별 명칭

돼지의 부위별 명칭

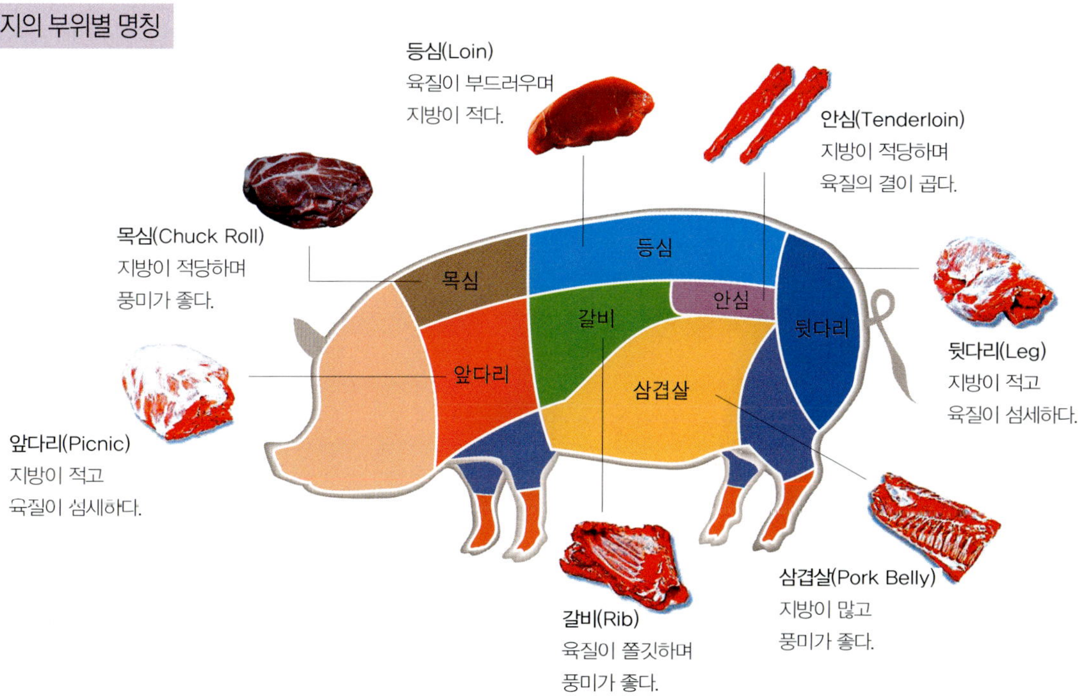

6. 식품위생

1) 식품위생의 정의

(1) 식품의 정의

- 모든 음식을 말한다. 다만, 의약품으로 취급하는 것은 제외한다.(「식품위생법」 제2조의 정의)
- 식품을 제조, 가공 또는 보존함에 있어 식품에 첨가, 혼합, 침윤 기타의 방법으로 사용되는 물질은 식품 첨가물이라 한다.

(2) 식품위생이란?

- 식품으로 인한 위생상의 위해를 방지하기 위하여 「식품위생법」을 비롯하여 제반 법규를 준수하도록 함으로써 식품영업 활동의 근본 목적을 달성하도록 하는 관리활동을 말한다.

2) 개인위생 점검

① 매일 업무시작 전, 근무자의 복장, 건강상태를 확인한다.

② 다음과 같은 경우는 근무에서 제외한다.

- 설사, 발열 등의 건강이상자
- 법정전염병(콜레라, 이질, 장티푸스 등)의 의심이 있는 작업자
- 신체에 화농성 질환, 전염성 피부질환 등이 있는 작업자

③ 호흡기 질환자는 마스크를 착용한다.

④ 수면이 부족하지 않도록 하고 체력조절을 잘한다.

⑤ 더러운 옷을 바로 갈아입는다.

⑥ 정기적인 건강진단을 받도록 한다.(연 1회 보건증 갱신)

3) 근무자의 손 관리

- 반지, 시계, 목걸이, 귀걸이 등 액세서리는 반드시 뺀다.
- 손톱은 짧게 깎아서 때가 끼지 않도록 하고, 매니큐어는 하지 않는다.
- 매일 업무시작 전, 손에 상처가 있는지 확인한다.(상처가 있는 경우는 밴드를 하고 손가락 캡을 착용하며, 손

가락 캡으로 커버할 수 없는 경우의 상처는 장갑을 착용하고, 상처가 있는 사람은 음식물이나 청결한 식기를 처리하지 않는 업무를 담당)

4) 주방 내에서 해서는 안 되는 일들

- 음식이 접촉되는 표면이나 식기를 맨손으로 만지지 않는다.
- 주방 내에서는 흡연이나 음식물 섭취를 하지 않는다.
- 주방 내에서는 사복으로 돌아다니지 않는다.
- 조리 중 신체 일부(머리, 얼굴 등), 유니폼 등을 만지지 않는다.
- 기침, 재채기는 식품에 튀지 않도록 한다.

5) 손씻기의 생활화

어떠한 이유로든 조리장 출입 시, 날식재료 처리 후, 신체접촉 후, 비위생적인 장비나 유니폼 접촉 후, 식기 세척 후 반드시 다음의 방법으로 손을 씻는다.

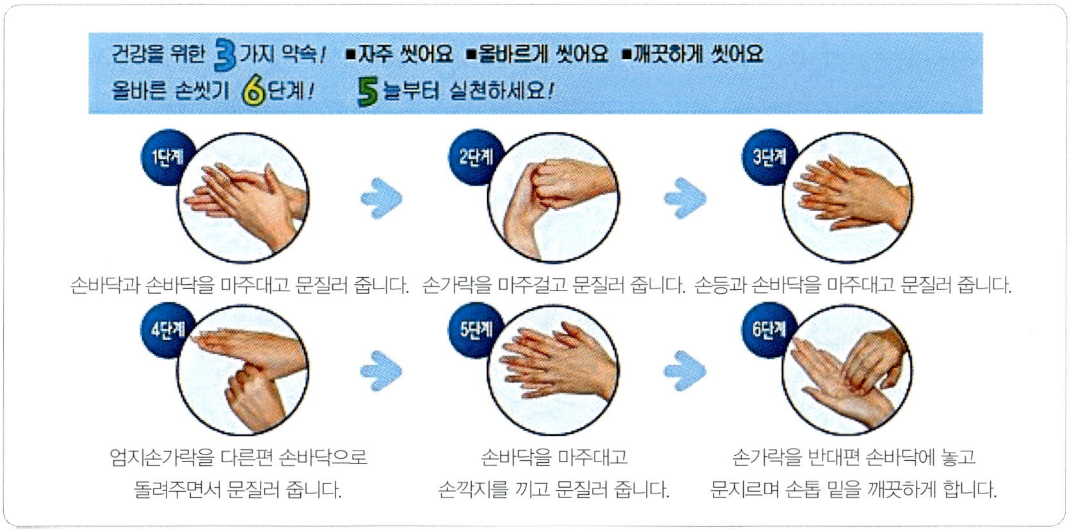

① 비누를 손에 묻혀 20초간 비벼 씻는다 : 손톱은 손톱솔을 사용한다.

② 흐르는 물에서 20초간 씻어 비눗기를 완전히 제거한다.

③ 손목, 팔 윗부분까지 충분하게 씻는다.

④ 페이퍼 타월로 수분을 제거한다.

⑤ 일반적으로 로션 사용은 금한다.

⑥ 세정액이 떨어지지 않도록 항상 구비한다.

표 1. 식품의 유해화 단계와 유해물질에 의한 식인성 질환

유해화 단계	기 원	유해물질	식인성 질환의 예
식품	식품의 오인·오용	Tetrodotoxin, Muscarine, Amygdaline, Solanine, Cicutoxin, Temuline	복어중독, 독버섯중독, 조개중독, 어류중독
생산·육성	수질오염, 토양오염물질, 농약류, 동물용 의약품류, 방사성물질, 기생충류에 의한 오염	유지수은, 수은, 카드뮴, 납, 비소, 유기인제, 유기염소제, PCB, 항생물질, 각종 기생충	이타이이타이병, 미나마타병, 농약중독, 기생충병
제조·가공	식품첨가물의 오용·남용, 화학물질의 오용·혼입, 미생물 오염	비소, PCB, 불허용 첨가물, 보툴리누스 독소, Enterotoxin	분유비소 중독, 미강유로 인한 PCB 중독, Botulism
저장·유통	산화·변패, 조사, 냉동, 매개동물에 의한 세균 오염, 곰팡이 발생	산화유지, 조사유지, Ptomaine성 물질, 살모넬라균속, 곰팡이	식이성 알레르기, 소화불량, Mycotoxicosis, Salmonellosis
조리	조리기구에 의한 세균오염, 조미료의 오용·남용, 탄화된 음식	각종 경구전염병·식중독 병원체, Nitroso-amine, 히스타민성 물질	경구전염병, 세균성식중독, 화학물질식중독, 암, 중화요리식당증후군, 식이성알레르기
용기·용구류	용기재료 물질의 오용·남용·부적절한 사용	Cu, Sn, Zn, Pb, As 등의 금속류, Formaline, 염화비닐 Monomer, Polystyrene Dimer와 Trimer	급성·만성 금속중독, 간 장애

6) 발생 원인별 식품매개감염증 예방법

(1) 장염비브리오 식중독

- 열에 약하므로 가열조리가 가장 바람직하며, 저온에서는 증식이 억제되는 특성이 있기 때문에 구입한 즉시 5℃ 이하에서 냉장보관한다.
- 민물에 약하기 때문에 수돗물로 잘 씻는다.
- 조리기구는 세척 후 뜨거운 물로 소독한 후 사용한다.

(2) 황색포도상구균 식중독

- 충분히 익히고, 조리 후 가급적 신속하게 섭취한다.
- 5℃ 이하에 보관하여 균의 증식을 억제한다.
- 손에 의한 오염 가능성이 높으므로 화농상처가 있는 조리사는 작업에서 제외시킨다.
- 위생복, 위생모를 착용하고 모자 밖으로 머리카락이 나오지 않도록 한다.

(3) 살모넬라균 식중독

- 육류는 저온에서 균 증식이 억제되므로 납품 시 반드시 냉장운반 여부를 확인한다.
- 조리 시 충분히 가열하고, 조리 후 가급적 빨리 급식한다.
- 건강보균자에 의한 오염방지를 위해 개인위생관리에 철저히 한다.

(4) 병원성대장균 O-157균 식중독

- 65℃ 이상에서는 사멸되므로 충분히 가열한다.
- 전처리 시 채소류와 육류는 반드시 분리하여 처리, 교차오염을 막는다.

(5) 세균성이질

- 식수는 반드시 끓여먹는다.
- 창에 망을 씌우는 등 파리를 철저히 구제한다.
- 조리 시 식품은 철저히 끓이거나 익힌다.
- 음식물 취급 전과 화장실 사용 후에는 반드시 손을 씻는다.

7) 식중독을 예방하기 위한 식품취급의 3대 원칙

식품으로 인한 위해요인은 식중독뿐만 아니라 부패·변질도 식중독 못지않게 중요하다. 따라서 보다 안전한 식품을 조리·가공·생산하기 위해서 조리자나 제조가공자의 위생적 식품취급이 우선되어야 한다.

1 청결의 원칙

최상의 시설을 갖추었다 할지라도 청결을 등한시하면 안전한 식품의 생산은 결코 불가능하다. 식품위생에 제일 중요한 청결은 단순히 깨끗함만을 의미하는 것이 아니라 청결한 재료, 청결한 제조(가공·조리)장소, 청결한 설비, 청결한 기구, 식품취급자의 청결 등 광범위한 청결을 의미한다.

2 신속의 원칙

일반적으로 좋은 생육조건이라면 세균은 20분에 한 번씩 분열이 가능하다. 따라서 식품을 취급함에 있어 세심한 주의나 청결을 유지한다 해도 무균상태로 만들기는 불가능하므로, 식품에 부착된 세균이 증식하지 못하도록 신속하게 처리하는 것이 중요하다.

3 냉각 또는 가열의 원칙

세균은 그 종류에 따라 증식의 최적온도가 다르지만 식중독균, 부패균은 일반적으로 사람의 체온(36~37℃) 범위에서 잘 자라며 5℃~60℃까지 광범위한 온도 범위에서 증식이 가능하므로 보관 시 이 범위를 벗어난 온도에서 보관하도록 하여야 한다.

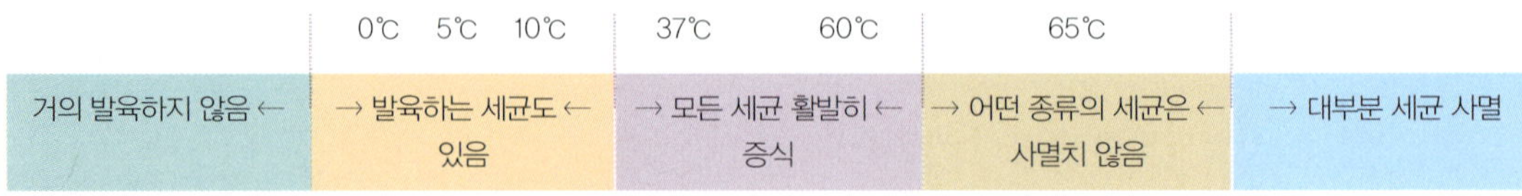

식품별 최적 저장온도

- 과실류 : 7~10℃
- 식육 : 1~3℃
- 채소류 : 4~7℃
- 어패류·닭고기 : 0~3℃
- 우유·유제품 : 3~4℃
- 냉동식품 : −15℃

- 가열: 60℃ 이상에서 대부분의 세균은 사멸되나, 가열처리 등이 불충분한 경우 또는 조리식품을 오래 방치함으로써 공기 중 존재하는 세균의 오염 및 증식에 의해 식중독이 발생할 수 있으므로, 조리된 식품은 반드시 60℃ 이상의 온장고에 보관하거나 5℃ 이하의 냉장고에 보관하여야 한다.
- 냉각: 냉장고 보관량은 용량의 ⅔ 이상이 되지 않도록 하는 것이 바람직하다.

7. 서양조리 도구

1) 칼 사용법

① 칼은 전문적인 조리사가 되기 위한 가장 기본적인 도구이면서 가장 중요하다.

② 각각의 작업용도에 따라 다양한 종류의 칼들이 세분화되어 있다. 작업 시 칼을 선택할 때는 용도에 맞는 적절한 칼을 선택해야 한다.

③ 쇠칼갈이 봉Sharpening Steel은 숫돌로 칼날을 세우고 조리 작업 시 순간적으로 날을 날카롭게 만들기 위한 도구로 사용할 때는 너무 많이 반복해서 사용하면 오히려 칼날을 망치기 때문에 1회에 7~8번을 넘기지 말아야 한다.

- 칼 사용 시 주의 점

  – 작업에 적합한 칼과 도마를 사용해야 한다.

- 칼날은 항상 날카롭게 유지해야 한다.
- 이동 시에는 사용자의 측면에서 칼날이 아래를 향하도록 하여 이해야 한다.
- 칼을 보관할 때는 잘 보이는 장소에 보관하고, 눈높이 이상의 높은 곳에는 절대 보관하지 않는다.
- 끌발을 할 때에 갈자루는 손으로 단단히 잡고 자신의 몸 바깥쪽으로 절단한다.
- 칼을 물속에 담가놓고 방치하지 않는다.
- 칼을 캔 오프너로 사용하지 않는다.
- 다른 물건을 옮길 때 칼을 같이 옮기지 않는다.
- 주머니에 칼을 넣고 운반하지 말고, 은폐될 수 있는 장소에 칼을 두지 않는다.

2) 칼의 종류와 용도

프렌치나이프 또는 셰프나이프(French Knife or Chef's Knife)
· 가장 보편적으로 쓰임
· 여러 가지 음식을 다지고, 썰고, 저밀 때 사용
· 칼날의 길이는 보통 8~14인치이고, 손잡이와 칼날을 포함한 길이는 30~40㎝

유틸리티 나이프(Utility Knife)
· 샐러드, 과일을 썰거나 생선을 얇게 슬라이스 하는 등 가벼운 썰기 작업에 사용
· 칼날은 보통 5~7인치

보닝나이프(Boning Knife)
· 뼈에서 생고기를 분리하기 위해 사용하고 셰프 나이프보다 더 얇고 짧은 칼날
· 칼날은 약 6인치 정도이며, 일반적으로 단단함

페어링나이프(Paring Knife)
· 과일과 야채를 다듬고 껍질을 벗기는데 사용
· 칼날은 약 2~4인치

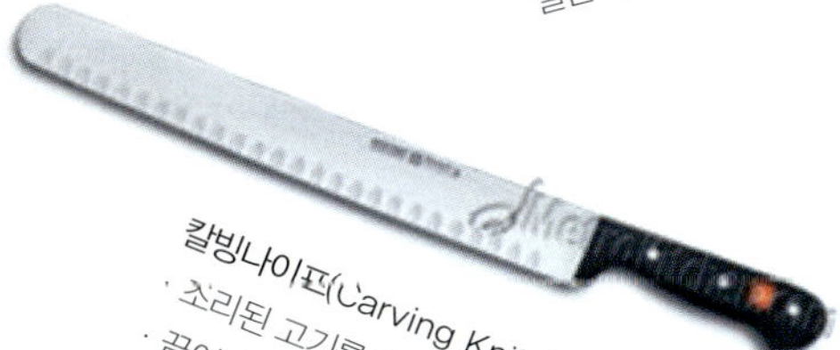

칼빙나이프(Carving Knife)
· 조리된 고기를 얇게 썰 때 사용
· 끝이 둥글거나 뾰족한 긴 칼날
· 칼날은 곧으며 날카롭고 테이퍼 그라운드 이거나 홀로 그라운드로 구성된 세로로 홈이 파진 칼날

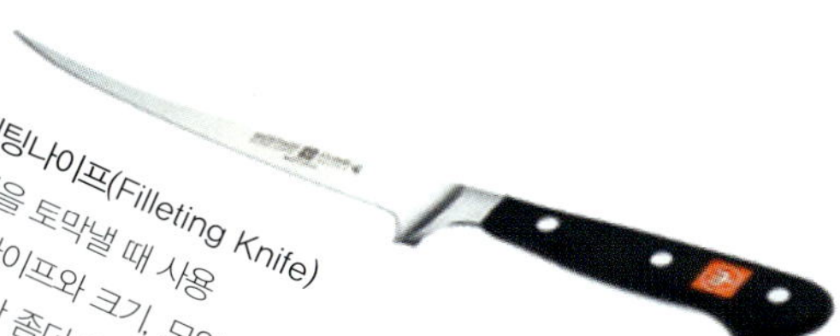

필레팅나이프(Filleting Knife)
· 생선을 토막낼 때 사용
· 보닝나이프와 크기, 모양은 비슷하지만 좀더 유연한 칼날

필링나이프(Peeling Knife)
- 작고 가벼우며 다루기 쉽게 곡선진 칼
- 감자, 과일, 야채의 껍질을 벗기거나 썩은 부위를 도려낼 때 사용

베지터블 나이프(Vegetable Knife)
- 강한 칼날을 가진 작은 칼
- 작은 과일이나 야채를 다듬거나 벗길 때 썩은 부위를 도려낼 때 사용

브레드 나이프(Bread Knife)
- 길고 단단한 스캘럽 모양의 칼날을 가진 칼로서 딱딱한 빵껍질을 자르거나 썰 때 사용

토마토 나이프(Tomato Knife)
- 톱니 모양의 칼날과 포크 모양의 팁을 가진 특수한 중간 크기의 칼
- 속은 부드러우나 두꺼운 껍질을 가진 과일 등을 자르거나 썰기 위한 용도

팔레트 나이프(Palette Knife)
- 끝이 유연하고 둥근 도구
- 팬케이나 구워진 음식을 뒤집기 위해서, 또는 샌드위치 속을 펴 바르거나 음식에 윤기를 내기 위해서 글레이즈를 바를 때 사용
- 톱니 모양의 날을 가지고 있어 샌드위치를 자를 때 유용

데코레이팅 나이프(Decorating Knife)
- 당근, 오이, 감자 등을 장식적인 무늬로 자르는데 사용하는 칼

주방 포크(Kitchen Fork)
- 조리된 고기와 야채를 테스트하거나 조리가 다 된 요리를 접시로 옮길 때 사용
- 튀기거나 굽고 끓이는 음식에는 포크 살이 음식을 찔러서 즙을 나오게 하기 때문에 사용을 금함

부처 나이프(Butcher Knife)
- 칼끝이 마치 초승달처럼 구부러져 신원도라고 불리기도 하고, 칼날이 두껍고 비교적 날이 쉽게 상하지 않음

껍질 제거 칼
(Rotary(Swivel)–Bladed Peeler)

· 야채나 과일껍질을 벗기기 위해 사용
· 양날이 모두 날카롭고 앞쪽과 뒤쪽의 움직임 모두 껍질을 벗길 수 있기 때문에 표면을 다루는 데 사용

멜론볼러(Melon Baller)

· 과일이나 채소를 구슬 모양으로 떼내는 데 사용

페이스트리 백(Pastry Bag)

· 끝에 금속의 튜브를 넣고 감자, 마요네즈, 크림 등을 여러 가지 모양으로 짜서 장식할 때 이용하는 고깔 모양의 백으로 점차 처분 가능한 백이 더 일반화되고 있음

밀방망이(Rolling Pin)

· 프랑스 스타일의 밀방망이는 손바닥으로 반죽을 주무르는 것 같은 나무로 된 원통으로 되어 있고, 또 다른 타입인 Rod–and–Bearing 핀은 프랑스 스타일의 핀보다 더 무거움

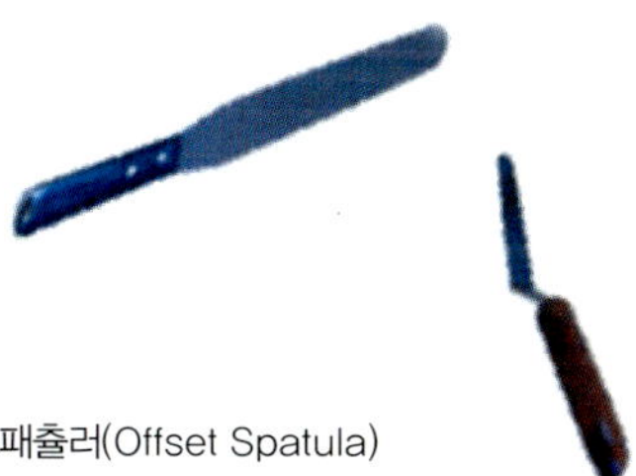

스패츌러(Offset Spatula)

· 넓고 쉽게 구부러지는 무디고 둥그런 끝을 가지고 있음
· 오믈렛이나 팬케익을 들거나 뒤집는데 사용하며 반죽을 펴는데 사용하고 그릴, 브로일러 그릴위에 음식을 올려놓거나 뒤집기 위해 이용

거품기(Whip / Whisks)

· 음식을 섞고, 저어주고, 크리밍 하고, 커품을 내주는 데 이용
· Balloon Whip는 원모양으로 거품을 내기 위해 공기와 잘 혼합되도록 얇은 와이어 형태
· Sauce Whip는 좀더 좁고 두꺼운 와이어 형태

스크레이퍼(Scraper)

· 도마나 조리 대 위에 있는 빵가루나 조그만한 가루를 모아 치울 때 사용

고무주걱(Maryse)

· 초콜릿을 녹일 때, 초콜릿과 크림을 섞어 가나슈를 만들 때, 볼에 묻은 초콜릿을 긁어 줄 때, 짤주머니에 반죽을 퍼 담을 때, 거품 낸 반죽이나 크림에 다른 재료를 섞을 때 사용
· 볼이나 냄비에 남은 재료를 깨끗이 제거할 때 사용

국자(Ladle)

· 소스나 스톡, 수프 및 스튜를 뜰 때 사용

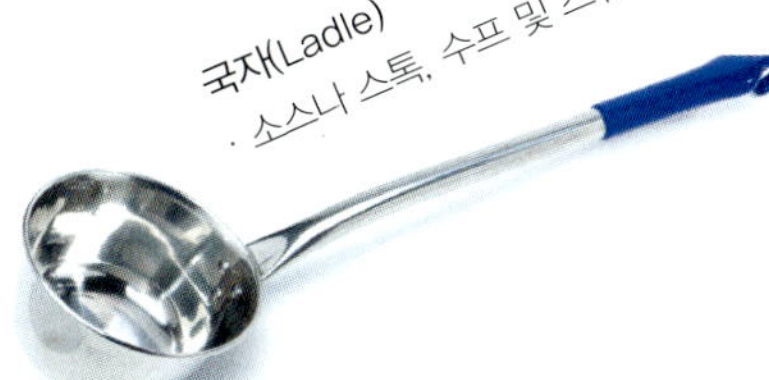

푸드밀(Food Mill)
· 식품을 갈아주는 역할을 하며 부드러운 퓌레 요리에 사용

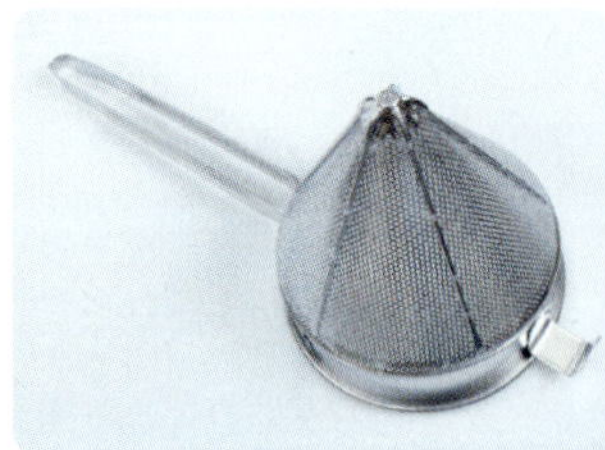

차이나 캡(Chaina Cap)
· 내용물과 수분을 걸러낼 때 사용

그리들(Griddle)
· 면이나 손잡이가 없이 평평해서 스토브 안에 직접 넣을 수 있는 도구

계량 컵(Measure Cup)
· 재료의 부피를 측정할 때 사용

스키머(Skimmer)
· 스톡이나 수프 등의 표면에 있는 불순물을 제거하는 데 사용

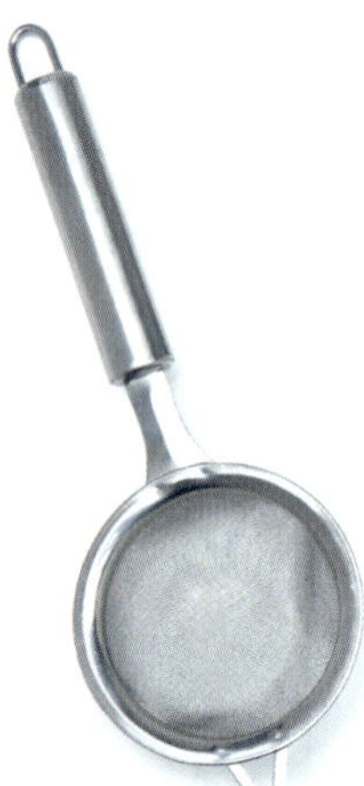

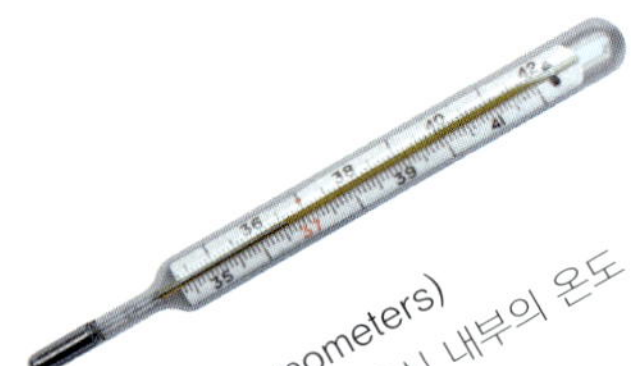

온도계(Thermometers)
· 순간 온도계는 음식 내부의 온도를 측정하기 위해 사용

저울(Scales)
· 사전준비를 위한 재료의 무게를 재기 위해 사용

스톡냄비(Marmite)
· 넓이보다는 높이가 더 긴 이 냄비는 스톡이나 수프를 끓일 때 사용

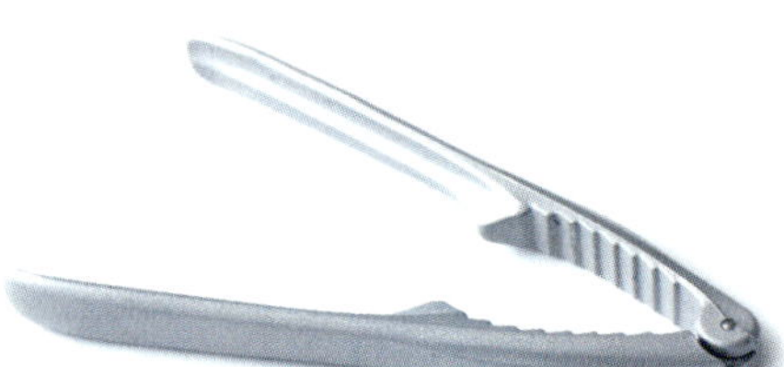

집게(Tongs)
· 재료를 뒤집을 때나 옮길 때 사용

소스팬(Sauce Pan) / 소스냄비(Sauce Pot)
· 소스를 만드는 데 사용

계량 스푼(Measure Spoon)

· 계량스푼은 전통적으로 테이블스푼, 티스푼, 1/2티스푼, 1/4티스푼과 같은 사이즈로 구성

로스팅팬(Roasting Pan)

· 중간 높이의 직 사각형인 팬은 고기를 굽거나 빵이나 과자를 구울 때 사용

시트팬(Sheet Pan)

· 얇고 직사각형의 팬은 과자나 빵을 구울 때 사용하고, 각종 재료를 굽거나 이동 시 사용

테린 몰드(Terrine Mold)

· 뚜껑이 있고 원통이거나 직사각형으로 테린을 만들 때 사용

호텔팬(Hotel Pan)

· 직사각형인 팬은 간혹 음식을 준비하기 위해 사용
· 요리되어진 음식을 스팀 테이블, 열 상자에 유지하기 위한 용기로서 자주 사용되며, 전기나 가스스티머로 사용
· 고기를 마리네이드에 담그거나 냉장 장치 아래음식을 보관하기 위해 사용

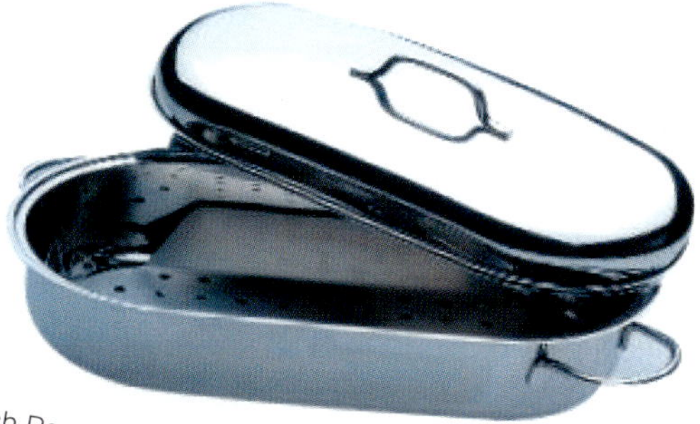

생선 데치는 기구(Fish Poacher, Steamer)

· 생선을 잡고 있기 위한 구멍, 랙과 직선의 면을 지닌 좁고 긴 냄비

이중냄비(Steamer)

· 냄비가 쌓여서 이루어진 세트로 구성되어 있으며, 냄비에서 증기가 올라가도록 해서 위에 있는 음식을 요리할 때 사용

파테몰드(Pate Mold)

· 깊은 직사각형의 파테 몰드는 파테 제거를 쉽게 하기 위해서 보통 경첩이 달린 면을 지닌 도구

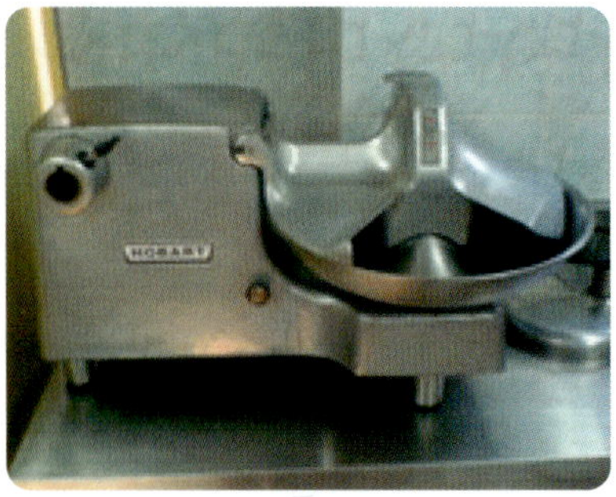

육절기(Immersion Blender)
· 커다란 음식조각을 퓌레로 만들수 있는 갈아내는 기계로 햄을 만들 시 고기를 곱게 갈 때 사용

음식 / 육류 슬라이서(Food / Meat slicer)
· 두꺼운 음식을 얇게 자르기 위해 사용

컨벡션 오븐(Convection Oven)
· 팬에서 나오는 뜨거운 공기는 음식 주위를 순환하면서 음식을 고르고 빠르게 조리 시 사용

훈제기(Smoker)
· 훈제기는 연기로 음식을 다루며 차갑거나 뜨거운 온도로 작동 가능

블렌더(Blender)
· 블렌더는 길고 폭이 좁은 단지가 음식을 순화시키면서 날에 가까이 접착시킴으로써 퓌레나 용해, 유화시키는데 사용

푸드 프로세서(Food Processor)
· 음식 갈기, 퓌레로 만들기, 블렌드, 유제품으로 만들기, 잘게 부수기, 반죽 등을 할 수 있으며, 음식을 얇게 썰고, 잘게 저밀 때 사용

파이 팬(Pie Pan)
· 나팔형 바닥을 가진 둥근팬이고 타트보다 깊으며, 다양하게 이용

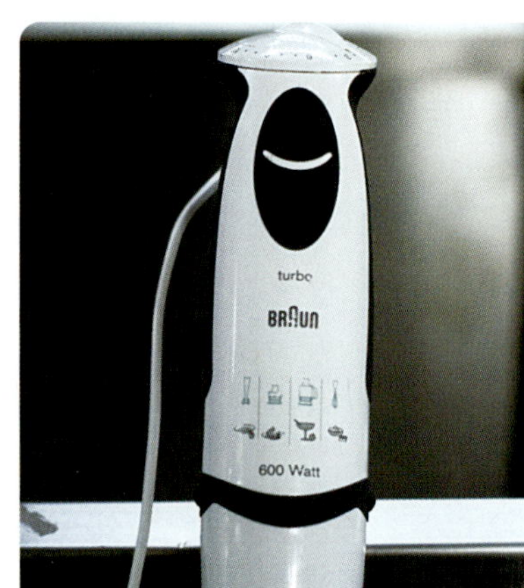

VCM : Vertical Chopping Machine
· 블렌더와 같은 수직으로 다지는 기능

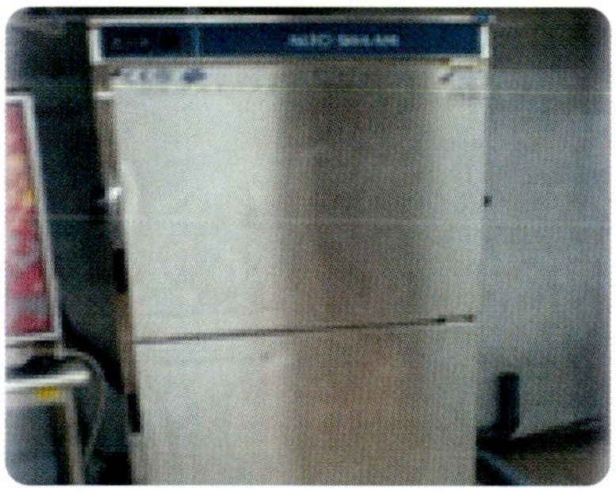

온장고(Heating Cabinet)

· 음식을 따뜻하게 보관할 수 있는 기구

진공포장기(Vacuum Machine)

· 소스나 각종 재료를 전용팩에 넣어 기계에서 진공으로 포장할 수 있는 기구

살라맨더(Salamander)

· 브로일러와 같이 열공급원이 위에 위치해 있음

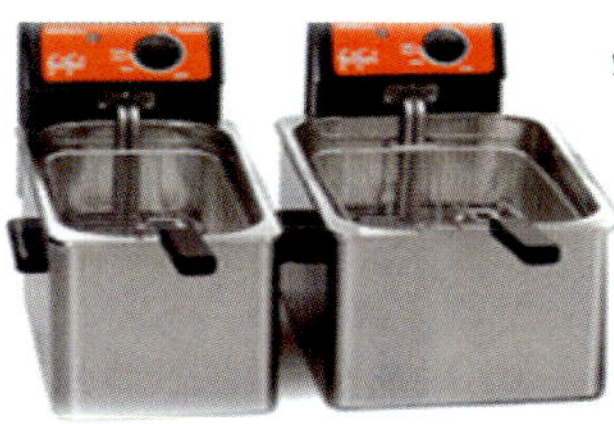

튀김기(Deep-Fat Fryer)

· 가스나 전기로 열을 내는 요소로 지방을 유지하는 커다란 스테인리스 스틸의 기름통 부분으로 구성되어 있고 튀김할 때 사용

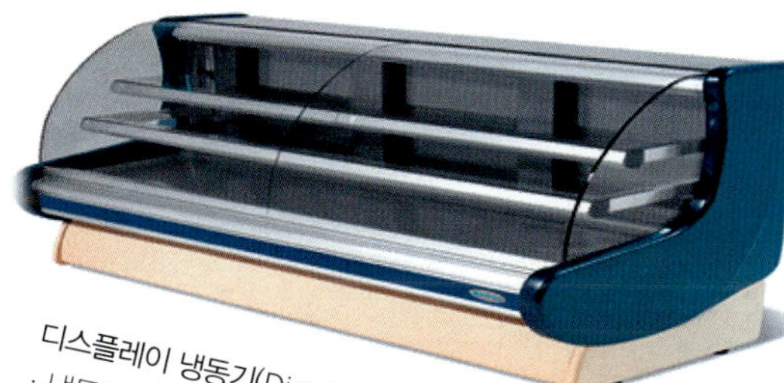

디스플레이 냉동기(Display Refrigeration)

· 냉동보관에 사용

브로일러(Broiler)

· 열공급원이 위에 위치해 있음

제빙기(Ice Makers)

· 얼음제조시 사용하는 기물

스팀솥(Steam-Jacketed Kettle)

· 열을 가하면 그 벽을 통해 증기가 올라오고 크기가 다양하며, 수프나 소스, 스톡을 요리하는 데 사용

리치인(Reach-In)

· 냉장·냉동보관에 사용

그릴(Grill)

· 열공급원이 랙 아래에 위치해 있음

8. 조리 전문용어

A

- A La : 프랑스어. '~의 방법으로'라는 뜻이다. 요리에서 이 문구는 일정한 형식의 준비 방법이나 특별한 형태의 장식을 의미한다.
- A La Carte : 프랑스어로 메뉴에 관한 단어로 각 코스가 각각 분리되어 가격을 지불하는 방식으로 개개의 요리마다 가격을 책정해 놓고 선택 주문할 수 있도록 한 메뉴 차림표로써 주 메뉴뿐만 아니라 샐러드, 수프, 애피타이저 등을 고객이 따로 주문할 수 있다.
- A La King : 크림소스로 육류, 가금류 등의 요리를 만드는 것이다.
- Abaisser : 여러 가지 반죽을 밀대나 반죽기계를 이용하여 일정한 두께로 미는 것을 말한다.
- Anchovy : 지중해나 유럽 근해에서 나는 멸치류의 작은 물고기, 또는 이것을 절여서 발효시킨 젓갈이다.
- Antipasto : 파스타를 먹기 직전에 먹는 것이라는 이탈리아어로, 덥거나 차가운 전채요리를 의미한다. 종류로는 치즈, 훈육한 육류, 올리브, 생선, 야채류 등이다.
- Appareil : 하나의 요리를 만들기 위해 필요한 서로 다른 요소들의 기본적인 혼합이다.
- Appetizer : 식욕을 자극하기 위해 식사 전에 제공하는 한 입 크기의 작은 음식이다. 주로 식욕을 돋우는 짠맛, 신맛이 있는 재료를 사용하며, 뜨거운 것과 차가운 것이 있다.
- Aromate : 음식의 풍미를 향상하기 위해 사용하는 허브나 향신료이다.
- Arroser : 로스트를 할 때 기름칠하기이다.
- Arrowroot : 수프와 소스의 농후제로 사용되는 열대성 구근류의 전분 산물로, 뿌리를 건조시키고 가루로 만들어 사용한다. 농후 정도가 밀가루의 두 배 정도이고, 차가운 액체와 혼합해야 한다.
- Aspic : 대부분 투명한 풍미를 지닌 육수, 생선, 야채스톡, 젤라틴을 이용해 만들고, 혹은 음식 위에 바르는 것으로 음식에 광택을 내며 마르지 않도록 한다.
- Assaisonner : 향신료, 부재료 등을 첨가하여 맛을 내는 것이다.
- Au Lait : 프랑스어로 '우유와 함께'로 음식이나 음료가 우유에 함께 제공되거나 준비되는 것을 의미한다.

B

- Bain-marie : 두 겹으로 된 그릇으로 물 중탕용기, 소스나 크림용의 특별 소스팬으로도 사용한다.
- Baking : 고온 건조한 공기의 대류현상을 이용한 오븐구이 조리법이다.
- Barbecue : ① 그릴 또는 그릴 밑에 위치한 석탄을 담는 용기, ② 바비큐 방법을 이용한 음식, ③ 야외에서 즐기는 음식 또는 행사를 일컫는 미국식 용어, ④ 동사 : 석탄이나 나무를 이용해 닭이나 생선 또는 고기를 굽는 방식을 말한다.
- Barbecue Sauce : 바비큐 된 고기를 절이는 소스이다. 전통적으로 토마토나 마늘, 양파, 흑설탕, 식초, 맥주를 주재료로 만든 소스이다.
- Bard : 고기나 닭 등을 로스트 할 때 건조되는 것을 막기 위해 베이컨이나 비계 등으로 묶는 것이다.
- Basting : 육류나 닭을 조리할 때 기름과 국물을 발라 요리에 윤기가 돌게 하여 풍미를 살리는 방법이다.
- Batter : 케이크나 머핀 또는 와플을 만드는 걸쭉한 밀가루, 달걀, 우유의 혼합물이다.
- Bearnaise : 식초, 와인, 타라곤, 샬롯 등을 넣어 졸여 달걀노른자와 정제 버터로 만드는 프랑스의 전통 소스이다.
- Beat : 원형의 움직임으로 급하게 젓는다.
- Bechamel : 루(Roux)에 우유를 섞어 만드는 프랑스의 전통적인 소스이다. 요리 목적에 따라 루에 우유를 섞는 양을 달리하여 농도를 달리하여 사용한다.
- Beurre : 버터의 불어.
- Beurre Blanc : 화이트 버터라는 프랑스어이며 와인, 식초, 샬롯을 졸인 것에 차가운 버터를 넣어 만든다.
- Beurre Manie : 버터에 밀가루를 섞은 것으로 소스의 농도를 조절할 때 쓰인다.
- Beurrer : 솔 등을 이용해서 몰드나 트레이 등에 버터를 바른다.
- Bigarade : 오렌지껍질과 주스를 첨가한 달콤하고 시큼한 갈색소스이다.
- Bisque : 새우, 게, 가재 등 갑각류를 주재료로 하여 만든 크림 형태의 수프이다.
- Blanching : 다량의 끓는 물 또는 기름에 짧게 데쳐내는 방법으로, 조직을 연하게 하고 효소작용을 억제시킨다.
- Blending : 채소나 과일 또는 소스를 만들 때 믹서기를 이용하여 갈아주는 방법이다.

- Boiling : 100℃의 액체에 넣고 가열하는 조리법으로, 식품을 끓이거나 끓는 물에 삶는 방법이다.
- Bordelaise : 적포도주 또는 백포도주, 브라운스톡, 연골, 샬롯, 파슬리, 허브 등으로 만드는 소스이다.
- Bouillon : 고기나 뼈, 야채를 삶은 국물로써 소금, 후추로 맛을 낸 맑은 국으로 수프의 재료가 되기도 한다. 스톡보다는 정제되고 깊은 맛이 난다.
- Bouquet Garni : 파슬리, 타임, 월계수잎 등을 헝겊에 넣어 묶어서 만든 것으로, 수프나 스튜의 향이나 맛을 내는데 사용한다.
- Braising : 조리방법의 하나로 고기나 야채를 뜨거운 기름에서 색깔을 낸 후, 적은 양의 물을 붓고 뚜껑을 덮어 약한 불에 오랜 시간 조리한다.
- Brandy : 와인이나 과일주스를 증류하여 만든 술이다. 보통 맛과 향을 위해 오크통에서 숙성된다. 브랜디 중 최고의 품질은 코냑이다.
- Breading : 우유나 달걀물에 재료를 담갔다가 빵가루를 묻혀 튀겨내는 요리법이다.
- Brochettes : 각종 고기가 주재료로 야채를 사이사이에 끼워 굽는 석쇠구이다.
- Broth : 야채나 고기 또는 생선을 끓여 만든 육수의 한 종류이다.
- Broiling : 식품을 열원의 직접적인 위나 아래에서 조리하는 것이다.
- Brown Sauce : 에스파뇰소스라고도 한다. 진한 육수, 미르포아, 브라운 루, 허브, 토마토 페이스트를 첨가하여 만든다.
- Brunch : 아침과 점심의 혼합을 말한다(오전 11시에서 오후 3시 사이의 식사).
- Bruschetta : 바게트에 치즈 · 과일 · 야채 · 소스 등은 얹은 요리이다.
- Buffet : 손님들이 직접 테이블이나 사이드보드에 진열된 음식들을 가져다먹는 식사를 의미한다.
- Butter : 크림을 휘저어 반고형 상태가 되도록 하여 만든다.

C

- Cafe : 프랑스어로 커피 또는 작은 레스토랑을 말한다.
- Cafe Latte : 에스프레소에 거품을 일으킨 뜨거운 우유를 섞어 만드는 것이다.
- Canape : 식빵을 작게 잘라서 구워 한쪽 면에 버터나 마요네즈를 바르고 식품을 얹은 서양의 전채요리(입맛을 돋우기 위해 먹는 전채요리의 일종)이다.
- Caper : 지중해나 일부 아시아 지역에서 생산된다. 꽃봉오리를 말리거나 식초에 담가 사용한다. 연어나 생선요리에 주로 사용한다.
- Caramel : 황금색의 녹은 설탕이 짙은 갈색의 걸쭉하고 투명한 액체가 될 때까지 조리할 때 만들어지는 혼합물이다.
- Carpaccio : 아주 얇게 저민 소고기로, 양파와 함께 제공되는 이태리식 애피타이저 요리이다.
- Carte : '메뉴'의 불어.
- Cassolette : 작은 도자기로 된 1인 분량의 조리용 접시.
- Cassonade : 가루설탕.
- Caviar : 원래는 넓은 의미로 생선의 알을 소금에 절인 것을 말한다. 최고의 캐비아는 카스피해의 벨루가 상어알에서 얻은 벨루가 캐비아이다. 종류로는 벨루가(Beluga), 오세트라(Ossetra), 세브루가(Sevruga) 등이 있다.
- Cheddar Cheese : 영국의 소모셋 지방의 체다 마을에서 처음으로 만들어진 유명한 치즈로, 부드러운 맛이 나는 것에서부터 자극적인 맛을 내는 것까지 여러 가지가 있으며 흰색에서부터 호각 같은 오렌지색까지 있다.
- Cheesecloth : 가볍고 면으로 되어 있는 천으로, 음식의 맛에 영향을 주지 않으며, 물에 묻혀도 떨어지지 않는다. 소스를 거르거나 허브 등을 넣을 때에 사용한다.
- Chinois : 원뿔 모양의 채.
- Chowder : 조개, 게, 생선, 굴, 새우 등과 같은 해산물이 들어가고 감자, 양파, 샐러리, 베이컨 생크림, 우유 등을 넣어 끓여준 수프로 농도는 루(Roux)를 만들어 조절한다.
- Cider : 사과 사이다는 초기 미국에서 유행하던 음료로 사과를 눌러 주스를 빼며, 발효 전을 Sweet Cider, 발효 후를 Hard Cider라고 한다.
- Clarify : 흐린 액체의 침전물을 제거하여 맑게 만드는 것이다
- Cleaver : 육가공 주방이나 중식당 주방에서 사용하는 두껍고 무거운 칼이다.
- Cocktail sauce : 케첩 또는 칠리소스에 홀스래디시, 레몬주스, 타바스토를 섞어 만든 소스이다.
- Coleslaw : 'Cool Cabbage'란 의미로 양배추에 마요네즈, 식초를 섞어 만든 샐러드이다.
- Combine : 서로 다른 성분의 식품들을 함께 잘 섞는 것을 말한다.
- Compote : 과일에 설탕을 넣고 조린 것이다.
- Concasse : 토마토의 껍질과 씨를 제거한 후 0.5cm 크기의 정사각형으로 자른 것이다.
- Condiment : 요리에 사용되는 조미료이다.

· Consomme : 고기나 생선을 이용하여 끓인 맑은 수프이다.
· Coulis : 조개, 야채, 과일 등의 천연주스에서 파생된 액체로서 걸쭉한 퓨레나 소스를 지칭하는 일반적인 용어이다.
· Court Bouillion : 물, 식초, 포도주, 향료 등으로 이루어진 액체로서 생선이나 해물을 데치는데 주로 사용한다.
· Crepe : 프랑스식 팬케이크로 곡물가루, 달걀, 우유, 향신료 등을 섞어 팬에서 구운 얇은 케이크이다.
· Croquette : 저민 고기나 야채, 걸쭉한 화이트소스와 양념을 섞은 것을 작은 원통형이나 타원, 혹은 동그란 형으로 만들어 달걀 거품을 낸 것에 담가 빵가루를 묻혀 바삭바삭하고 갈색이 날 때까지 기름에 듬뿍 튀긴 것이다.
· Crouton : 작은 주사위 모양이거나 그냥 빵조각으로 갈색이 되도록 소테하거나 구운 것이다.
· Cuisine : 프랑스어로 특수한 스타일의 조리법, 혹은 한 나라의 음식 전체를 지칭하는 용어이다.
· Cuisson : 음식을 만들기 위한 조리 방법을 통칭한다.
· Custard : 우유와 달걀에 설탕, 소금, 바닐라 향을 섞어 찌거나 구운 것인데 푸딩, 크림, 케이크, 소스 등 종류가 다양하다.
· Cutlet : 작고 납작하며 뼈가 없는 고기조각이나 얇게 썬 고기에 밀가루, 달걀, 빵가루를 묻혀 튀겨내는 조리방법이다.

D

· Deep-fry : 식품이 완전히 잠길 정도의 뜨거운 기름에 식품을 익히는 방법이다.
· Deglaze : 조리 후 냄비의 바닥에 붙어있는 즙과 색소에 포도주나 다른 액체를 넣어 눌러 붙은 성분을 우려내는 작업이다.
· Demi-glace : 풍부한 브라운소스로 기본적인 에스파뇰소스에 비프스톡, 마데이라 또는 셰리를 넣고 부피가 절반으로 줄 때까지 졸여서 만든다. 여러 다른 소스를 만들기 위한 기초 소스로서 사용된다.
· Delayer : 진한 소스에 물, 우유, 와인 등의 액체를 넣어 묽게 한다.
· Dip : 향신료, 샤워크림이나 소프트치즈를 크림처럼 혼합한 것으로 크래커, 피클, 생야채를 찍어먹도록 만든 소스의 한 종류이다.
· Dough : 밀가루, 액체, 다른 재료들이 들어간 반죽으로, 뻑뻑하지만 손으로 작업할 수 있을 정도로 유연하다.
· Dredge : 밀가루와 빵가루 같은 것을 음식 위에 뿌리는 것이다.
· Dressing : 주로 차가운 종류의 샐러드, 차가운 야채, 생선, 고기요리에 뿌리거나 섞는데 사용한다.
· Duchess Potato : 삶아 으깬 감자를 달걀노른자와 넛맥 등과 섞어 패스트리 백에 넣어 동그랗게 짜서 살라만더에서 색을 낸 것이다.
· Duxelles : 곱게 다진 양송이에 향신료와 양파를 첨가하여 소테하여 만든 것이다.

E

· Eminer : 육류, 가금류를 작은 조각으로 자른 것으로 일반적으로 소스에 넣고 조리한다. 야채의 경우에도 수프에 넣는 용도로 이렇게 자르기도 한다.
· Emulsion : 하나의 액체와 정상적으로 결합할 수 없는 다른 액체와의 혼합물이다.
· Entremets : 디저트.
· Entree : 주요리로 중심이 되는 요리를 뜻한다. 프랑스에서는 전채(前菜)의 의미로, 오르되브르와 함께 나올 때는 뒤에 나온다.
· Escalope : 매우 얇고 편평한 고기나 생선의 프랑스식 용어이다. 에스칼로프(Escalope)를 연하게 하려면 양쪽 면을 기름에 살짝 익힌다.
· Espagnole : 브라운소스의 스페인어.
· Essence : 고기의 맛을 추출한 것이다.
· Etamine : 체, 여과기, 천을 이용해서 거르는 것이다.
· Extract : 증발 또는 증류하여 다양한 식품이나 식물로부터 얻은 농축된 향신료이다.

F

· Ficeler : 조리하기 전에 육류나 가금류의 모양을 바르게 하기 위해 실 등을 이용하여 잡아주는 것이다.
· Fillet : 고기나 생선의 뼈 없는 조각. 고기나 생선조각으로부터 뼈를 제거하는 것이다.
· Flambe : '태워지는' 또는 '타오르는'이란 뜻의 프랑스어로 생선이나 육류의 이취를 제거하고 향미나 풍미를 내기 위한 목적에서 팬에 열을 가한 상태에서 증류주를 첨가하여 불을 붙여 플람베 한다.
· Foiegras : 거위의 간.
· Fold : 거품을 낸 달걀의 흰자나 크림에 밀가루, 설탕 등과 잘 섞는 것이다.

- Fondue : ① 치즈와 백포도주를 섞어 불에 녹인 것에 빵조각을 적셔서 먹는 요리, ② 고기를 끓는 기름에 넣었다가 소스를 발라서 먹는 요리이다.
- Fond Blanc : 화이트스톡의 프랑스어.
- Fond Brun : 브라운스톡의 프랑스어.
- French Dressing : 다양한 종류의 허브를 첨가시킨 기름과 식초, 소금, 후추의 단순한 혼합물을 말한다.
- Fritters : 식품을 반죽에 묻혀 많은 기름에서 황갈색으로 튀긴 것이다. 새우튀김을 새우 프리터라고 한다.
- Fumet : 생선이나 버섯으로 만드는 농축된 스톡으로써 맛이 진하지 않은 스톡이나 소스에 맛을 더하기 위해 사용한다.

G

- Galantine : 전통적인 프랑스요리로써 뼈가 있는 가금류, 육류나 생선에 포스미트로 속을 채우고, 피스타치오와 올리브, 송로를 넣어서 만든 요리이다. 이 요리를 스톡에서 부드럽게 요리해서 식힌 다음에 스톡에서 만든 고기젤리로 바르고, 속에 넣었던 것을 곁들인다.
- Ganiture : 곁들임요리를 말한다. 주재료 곁에 넣어 맛을 돋우거나 향기나 색을 내기 위해 곁들이는 것이다. 영어로는 가니시(Garnish).
- Gazpacho : 싱싱한 채소나 과일을 퓨레로 만든 스페인식 전통요리로, 수프보다는 야채주스에 가깝다고 할 수 있다. 더운 계절에 먹는다.
- Gelatin : 소나 송아지에서 뼈와 연골, 건, 다른 조직들을 제거한 순수한 단백질이다. 무취, 무미, 무색의 농후제로서 뜨거운 물에 용해시킨 다음 차게 식히면 젤리를 형성한다.
- Glace de Viande : 육즙이 걸쭉한 시럽이 될 때까지 끓여서 만든 것으로, 'Meat Glaze'란 뜻의 프랑스어이다. 소스의 맛과 색을 첨가할 때 사용한다.
- Glazing : 당근, 무, 작은 양파 등을 물, 버터, 소금, 설탕으로 조리하여 윤기를 낸다.
- Gnocchi : 뇨끼. 이탈리아요리로 감자나 밀가루를 만들어 소스와 함께 제공되는 우리나라 감자수제비의 일종이다.
- Gouda cheese : 폴란드의 유명한 수출품 치즈로, 다소의 아주 작은 구멍이 산재한 노란색 외관을 가지고 있다.
- Gratin : 그라탱. 치즈나 빵가루를 버터와 섞은 것을 얹은 요리를 말하며, 표면이 노릇하고 바삭하게 될 때까지 오븐이나 브로일러에서 익힌다.
- Gravy : 고기나 생선을 요리하고 난 국물을 말한다.
- Griddle : 두꺼운 철판을 말하며, 주로 다량의 스테이크나 전을 구울 수 있다.
- Grilling : 간접적으로 가열된 철판 위에서 굽는 방법이다.
- Gruyere Cheese : 적당량의 지방을 포함한 치즈로 풍부하고 달콤한 견과 맛이 나며, 그냥 먹거나 요리용으로도 높은 평가를 받는다.

H

- Hacher : 다지거나 분쇄한다는 의미의 불어. 영어로는 Mince나 Chop에 해당한다.
- Halicot : 양고기 스튜, 다진 고기, 순무, 양파, 감자, 때때로는 강낭콩을 넣어서 만든다.
- Ham : 돼지 뒷다리의 고리로 다리뼈 중간에서부터 엉덩이뼈 사이를 가리킨다. 자른 길이는 상품에 따라 다양하다.
- Hash : 잘게 썬다는 의미로 고기와 감자, 양파, 샐러리, 고추 등을 잘게 썰어 만든 감자가 주가 되는 음식이다.
- Hollandaise Sauce : 버터와 달걀노른자, 레몬주스로 만들어진다. 버터는 중탕하여 정제 버터를 만들어 사용한다. 노란색을 띄고, 요리에서는 채소나 고기, 에그 베네딕트와 같은 달걀요리에 사용된다.
- Horseradish : 겨자와 비슷한 매운맛과 향기가 있는 스파이스이다. 드레싱이나 소스의 풍미를 주는데 사용된다. 케이퍼, 양파, 레몬즙과 함께 훈제연어에 많이 사용된다.
- Hors d'oeuvre : 애피타이저. 전채요리. 식전에 가벼운 애피타이저로 앙트레와 유사어로 쓰이나, 두 번의 애피타이저가 나올 경우 먼저 오르되브르가 나오고, 다음에 앙트레가 나온다.
- Huitre : 굴.

I

- Indian Pudding : 노란색 옥수수가루, 달걀, 각색설탕, 우유, 건포도 그리고 양념을 혼합한 다음 오븐에서 서서히 구운 디저트이다.
- Infuser : 허브 등을 우리다.
- Infusion : 우려내기.
- Irish Stew : 새끼양고기, 당근, 순무, 양파, 감다, 덤플링 그리고 양념으로 이루어진 흰색 새끼양고기 스튜이다.
- Italian Dressing : 올리브기름, 와인식초, 레몬주스로 만든 샐러드드레싱으로서 마늘, 오레가노, 바질, 딜, 회향 등을 포함한 다양한 향신료로 양

념한 것이다.
- Italian Meringue : 딱딱하게 휘저은 달걀흰자 안에 뜨거운 설탕시럽을 천천히 섞어서 만든 머랭이다.

J

- Jam : 과일과 설탕으로 만든 걸쭉한 혼합물로서 과일조각이 아주 부드럽고 거의 형태가 없어질 때까지 열을 가한다(팩틴을 사용하기도 한다).
- Jambalaya : 쌀과 고기와 해산물의 혼합물을 함께 요리한 것이다.
- Jambon : 햄(Ham). 돼지나 가금류의 다리 부분이다.
- Julienne : 야채를 실처럼 가늘고 길게 써는 것이다.
- Jus : 과일 및 야채주스를 나타내는 동시에 육류에서 자연스럽게 나오는 즙을 가리키는 단어로 'Juice'를 뜻하는 프랑스어이다.
- Jus lie : 육즙에 갈분을 넣어 걸쭉하게 만든 것이다.

K

- Kahlua : 멕시코에서 만들어지는 커피 맛의 리큐어이다.
- Kebab : 터키의 대표적인 요리로 꼬챙이에 야채, 생선, 고기, 닭 따위를 꿰어서 샤프론 라이스 등과 같이 먹는 요리이다.
- Kirsch : 야생 체리로 만든 증류주이다.
- Kumquat : 금귤.

L

- Lait : 우유의 프랑스어.
- Langouste : 대하, 랍스터.
- Langoustine : 작은 새우의 일종.
- Larder : 지방분이 적거나 없는 고기에 바늘이나 꼬챙이를 사용해서 가늘고 길게 썬 돼지비계를 찔러서 넣는 것이다.
- Lever : 일으키다. 발효시키다. 파이지나 생지가 발효되어 부풀어 오른 것을 말한다.
- Liason : 소스, 수프, 스튜 등의 농후제로 사용된다. 사용되는 농후제로는 밀가루, 전분, 달걀노른자, 타피오카 등이 있다.
- Liqueur : 향신료와 독한 술의 혼합물에서 만들어진 달콤한 알코올음료이다.
- Lyonnaise Sauce : 화이트와인, 구운 양파, 데미글라스소스로 만든 고전적인 프랑스 소스이다. 이 소스는 육류, 가금류와 함께 주로 제공된다.

M

- Macedoine : 사과 또는 야채를 가로·세로 1×1cm 크기의 주사위 모양으로 썬 것이다.
- Manier : 버터와 밀가루가 완전히 섞이게 손으로 이기다(뵈르마니에).
- Marinade : 육류, 생선, 야채 같은 식품을 담가두는 향미를 낸 액체로, 식품에 향미를 주거나 연하게 하기 위해 사용한다. 대부분의 마리네이드는 산(레몬주스, 식초 또는 포도주)과 허브 또는 향신료를 포함한다. 산(Acid)은 특히 질긴 고기를 연하게 만드는 작용을 한다.
- Marmalade : 과일껍질 조각, 특히 감귤류 과일의 껍질 조각을 함유한 설탕 조림이다.
- Marrow : 소고기나 송아지고기의 뼈 중심부에 위치한 부드러운 지방이다.
- Medallion : 작고 둥근 동전 모양의 육류이다.
- Melba Toast : 얇게 구운 흰색 빵.
- Meringue : 거품기를 이용하여 달걀흰자를 쳐 올려서 완성한다. 부드러운 머랭은 파이, 푸딩, 수플레 같은 다른 디저트에 사용한다.
- Meuniere : 식품을 양념한 다음 밀가루를 살짝 입혀서 간단하게 버터에 튀기는 방법으로 조리하는 것이다.
- Mire-poix : 주사위 모양으로 자른 양파, 당근, 샐러리를 말한다. 일반적으로 육류나 생선을 브레이징 할 때 사용되는 것은 물론 소스, 수프, 스튜에 풍미를 더하기 위해 사용된다.
- Mise en Place : 요리에 사용될 모든 재료가 준비되고, 요리를 시작하기 위해서 한 군데 준비해 놓는 것을 가리키는 프랑스 용어이다.
- Monte : 음식을 할 때 마무리 단계에서 음식의 부드러움이나 농도를 내기 위해 버터나 생크림을 가미하는 것이다.

- Mornay Sauce : 베샤멜소스의 일종으로 파마산치즈를 첨가하기도 한다. 때때로 생선이나 닭고기스톡 또는 크림이나 달걀노른자를 첨가하기도 한다. 달걀, 생선, 갑각류, 야채, 닭고기요리와 함께 낸다.
- Mousse : 무스는 크림과 달걀 또는 젤라틴, 초콜릿이나 과일, 커피와 같은 향미제를 사용하여 만드는 부드럽고 맛있는 디저트를 말한다.
- Mozzarella Cheese : 이탈리아에서 유래한 치즈 종류이다. 본래 물소의 젖으로 만들지만, 요즘은 대부분 젖소의 젖인 우유로 만든다. 피자를 만드는데 사용되거나 토마토, 바질을 곁들인 샐러드 인살라타 카프레세(Insalata Caprese)를 만드는 데에 사용된다.

N

- Nacho : 녹인 치즈, 칠리 다진 것을 얹은 바삭거리는 토틸라 조각이다. 일반적으로 애피타이저나 스낵으로 만든다.
- Nantua Sauce : 크림과 가재버터로 만들고, 가재꼬리로 장식한 베샤멜을 기본으로 만든 소스이다. 해산물이나 달걀요리와 함께 낸다.
- Napper : 요리에 소스나 젤리를 바르는 것이다.
- Navarin : 당근과 순무를 곁들인 스튜 형식의 요리이다.
- Negociant : 무역업자나 와인상인이다. 부를 축적한 네고시앙은 포도원을 소유하고 직접 와인을 만들기도 한다.
- Nougat : 누가. 설탕절임한 과일과 휘핑크림이 들어간 디저트이다.
- Nouveau : 봄 야채와 햇감자처럼 새로 나온 것이다. 즉 영 와인(Young Wine).

O

- Oie : 거위의 프랑스어.
- Ouef : 달걀의 프랑스어.
- Omelet : 달걀물에 간을 맞추고 버터나 기름을 팬에 두른 후 스크램블(Scramble) 하면서 둥글게 타원형으로 말아주는 달걀요리이다.
- Olive Oil : 올리브 열매로부터 얻은 식물성 기름이다. 주로 지중해 지역의 요리에 즐겨 이용되며, 식용 외에도 화장품, 약품, 비누 등의 원료로도 이용된다. 모든 올리브유는 그 산도에 따라 등급이 달라지고, 엑스트라버진 올리브오일은 올리브를 한 번 짠 것으로 냉각 압축식 올리브유이며 단지 1%의 산을 함유한다. 이것은 가장 좋고 실한 올리브유로 간주된다. 가장 비싼 샴페인은 색깔부터 녹색, 금색, 밝은 녹색까지 다양하다.

P

- Paella : 프라이팬에 쌀과 고기, 해산물 등을 함께 볶은 스페인의 전통요리이다. 스페인의 전통요리로서 여러 가지 해산물과 샤프론을 재료로 하는 볶음밥의 일종이다.
- Panada : 빵가루, 밀가루, 쌀 등을 물, 우유, 스톡, 버터 혹은 가끔 달걀노른자와 섞어 만든 두꺼운 반죽이다.
- Pate : 간이나 자투리고기, 생선살 등을 갈아서 파테(Pate)라는 밀가루반죽을 입혀 오븐에 구워낸 정통 프랑스요리이다.
- Pasta : 물과 밀가루를 사용하여 만드는 이탈리아 국수요리이다. 피자와 함께 이탈리아를 대표하는 음식이자 이탈리아인의 주식이다. 세몰리나(Semolina)라고 불리는 듀럼 밀가루와, 주로 물이나 우유 같은 액체를 섞어 만든 반죽으로 만들어진다.
- Pesto : 페스토는 가열조리하지 않은 소스로 신선한 바질, 마늘, 파인너트, 파르메산치즈나 페코리노치즈와 올리브유로 만든 그린소스이다. 재료들은 막자사발(Mortar)과 막자(Pestle)에 함께 으깨거나 푸드 프로세서에 넣고 곱게 으깰 수 있다. 클래식한 신선한 맛의 소스는 이탈리아 제노아에서 유래하였다. 특히 파스타와 함께 많이 즐긴다.
- Pickle : 초절임. 오이, 고추, 샐러리, 콜리플라워, 올리브, 양파 등의 채소와 과일 등을 소금에 절인 뒤 식초, 설탕, 향신료를 섞은 액체에 담가 절인 음식이다.
- Poaching : 달걀이나 생선요리에 많이 사용되며 끓는 점 이하의 온도(70~80℃)에서 물, 혹은 액체를 끼얹어가면서 익히거나 완전히 잠긴 채로 익혀내는 방법이다.
- Poisson : 생선.
- Pomodoro : '토마토'를 의미하는 이탈리아어.
- Potage : 육류, 어패류, 야채를 끓여서 우려낸 국물로 만든 걸쭉한 수프로, 전분질이 들어있는 수프이다.
- Puree : 퓨레는 요리의 일반용어로서 채소나 콩, 식물을 갈거나 누르거나 비틀어서 채로 걸러 가벼운 페이스트나 진한 액체 정도의 농도로 만든 것을 말한다.

Q

· Quart : 4분의 1.
· Quenelle : 생선이나 육류, 가금류 등을 갈아서 달걀흰자와 섞은 후 크림, 소금, 후추 등을 넣어 스푼을 이용하여 타원형 모양으로 만든 요리이다.
· Quiche : 크림, 달걀, 햄, 양파, 베이컨 등을 넣어 만든 타트(Tart)의 일종이다.

R

· Ravioli : 라비올리는 이탈리아의 만두로서 파스타반죽을 두 층으로 만들어, 그 틈에 고기나 야채 등의 소를 넣어 만드는 요리이다.
· Reduce : 요리에서는 액체(주로 육수, 와인이나 소스)를 신속히 끓여 농도가 걸쭉해지고 풍미가 강화하도록 하는 것을 의미한다. 이러한 혼합물을 리덕션(Reduction)이라고 부른다.
· Risotto : 쌀을 주재료로 해서 만든 이탈리아요리이다. 기본적인 조리법은 냄비에 올리브유나 버터를 두른 뒤 쌀을 넣고 살짝 볶는다. 이어 뜨거운 닭고기육수를 붓고 계속 저어주면서 익히면 완성된다. 이때 국물을 천천히 부어가며 계속 저어주되, 너무 오래 익히지 않는 것이 중요하다. 쌀 이외에 첨가되는 부재료에 따라 여러 가지 리소토를 만들 수 있는데, 보통 해산물이 들어가는 경우가 많다. 파르메산치즈는 맛과 향을 위해 조금씩 넣기도 한다. 들어가는 부재료에 따라 새우, 조개, 홍합, 오징어리소토 등 종류가 다양하다.
· Roasting : 육류를 오븐 속에서 주로 큰 덩어리로 건열 조리하는 것이다.
· Roquefort : 유명한 프랑스의 푸른색 치즈이다.
· Roux : 동량의 밀가루와 버터를 섞어 소스, 수프 등을 요리할 때 농후제 역할을 하기 위해 쓰인다. 화이트 루(White Roux)와 브라운 루(Brown Roux)가 있다.

S

· Salamander : 열원이 위에 있는 조리기구로 주로 색을 낼 때 사용한다.
· Salami : 소고기와 돼지고기의 등심살에 돼지기름을 넣고, 소금과 향신료를 많이 넣어 간을 세게 맞추고 럼주(酒)를 가한 후 건조시킨 것이다. 이 소시지는 훈연법을 쓰지 않고 저온에서 장시간에 걸쳐 건조시키는 것이므로 보존성이 좋다.
· Salsa : 스페인어로 '소스'라는 뜻이다. 멕시코 전통 음식인 토르티야요리에 빠지지 않고 들어가는 매콤한 소스이다.
· Sauteing : 팬에 재료를 넣고 적당한 양의 기름으로 흔들어가면서 볶는 것이다.
· Sear : 강한 불의 열로 고기의 표면을 갈색으로 굽는 것이다.
· Sallot : 마늘 구근과 관련이 있는 작은 양파 모양의 야채이다. 상당히 독한 양파 맛을 갖고 있다.
· Sherbet : 프랑스어로는 소르베(Sorbet)라고 한다. 정찬코스에서 입맛을 새롭게 하기 위해 앙트레와 로스트요리의 중간에 나오는데, 오늘날은 식후의 입가심으로도 쓰인다. 식사 중간의 셔벗은 술 종류를 얼린 것이 많고, 단것은 적다.
· Simmering : 비등점 이하에서 장시간 끓이는 조리법으로, 식재료의 영양분을 용출시키는데 가장 효과적인 방법이다. 소스나 스톡을 만들 때 많이 사용한다.
· Skewer : 작은 조각의 고기나 채소를 꿰어 구울 때 쓰는 나무나 철로 된 긴 꼬챙이이다.
· Skim : 국물, 수프 등에서 거품이나 이물질, 기름기 따위를 걷어내는 것이다.
· Souffle : 달걀흰자를 거품내고 치즈나 고기, 생선 등의 재료를 섞어 틀에 넣고 오븐에 구워 부풀린 요리 또는 과자이다.
· Sour Cream : 자연적으로 또는 젖산 배양균을 이용하여 발효시켜 만들며, 생크림보다 걸쭉하고 멕시코음식이나 샐러드 · 빵 · 과자의 재료로 쓰이거나 베이크트 포테이토에 얹어서 먹는다. 레몬즙이나 다진 오이피클을 섞어 더욱 새콤하게 만들기도 하고, 토마토 · 양파 등을 섞기도 한다.
· Steaming : 채소, 육류, 가금류를 고압의 스팀에서 찌는 방법으로 식품 고유의 맛과 모양을 유지시킬 수 있다.
· Stew : 고기를 큼직하게 썰어 버터로 볶다가, 양파 · 감자 · 당근 등을 차례로 넣어 볶고서 잠길 정도의 물을 부어 푹 끓여 양념한 것을 스튜라고 한다. 소고기가 주재료이면 비프 스튜(Beef Stew), 소의 혀가 주재료이면 텅 스튜(Tongue Stew), 채소이면 베지터블 스튜(Vegetable Stew), 닭고기이면 치킨 스튜(Chicken Stew)가 되는데, 재료에 따라 10여 가지의 스튜가 있다.
· Stock : 살코기, 뼈, 생선, 채소 등에 물을 붓고 끓여서 우려낸 국물로, 서양요리의 수프나 소스의 기본이 된다. 육류(살코기나 뼈), 향신채소, 향신료를 주재료로 사용하며, 스톡은 주재료에 따라 피시스톡(Fish Stock), 비프스톡(Beef Stock), 치킨스톡(Chicken Stock), 게임스톡(Game Stock)으로 분류되며 재료 자체의 깊은 맛을 충분히 우려내야 한다.

T

- Table d'hote : 레스토랑의 메뉴에서 테이블도트(Table d'hote)는 앙트레 가격에 몇 가지 코스의 완전한 식사가 나오는 것을 의미한다.
- Tapioca : 열대작물인 카사바의 뿌리에서 채취한 식용 녹말이다. 카사바의 뿌리는 생것의 경우 20~30%의 녹말을 함유하고 있는데, 이것을 짓이겨 녹말을 물로 씻어내어 침전시킨 후 건조시켜 타피오카를 만든다.
- Terrine : 잘게 썬 고기, 생선 등을 그릇에 담아 단단히 다져지게 한 뒤, 차게 식힌 다음 얇게 썰어 전채요리로 사용한다.
- Tourner : 감자나 당근의 모난 부분을 깎아 둥글게 모양을 내는 것이다. 또는 장식을 하기 위해 양송이를 둥글게 돌려 모양을 낸다.
- Tortilla : 토르티아. 밀가루나 옥수수가루를 이용하여 빈대떡처럼 만든 음식으로, 속에 야채나 고기를 넣고 싸서 먹는 멕시코 전통음식이다.
- Toss : 식품재료들을 힘을 가하지 않고 여러 번 뒤집어 가볍게 섞는 것이다.
- Truffle : 송로버섯. 주로 프랑스, 이탈리아, 독일 등지의 떡갈나무 숲 땅속에 자실체를 형성하며 지상에서는 발견하기가 힘들다. 송로버섯은 찾기가 어려워 몇 년 동안 특별히 훈련된 동물을 이용하여 찾는다. 송진의 향과 같은 독특한 향으로 인해 테린, 소스, 가니시 등 각종 고급요리에 이용된다.

V

- Veau : 송아지고기를 뜻하는 프랑스어.
- Veloute : 스톡, 밀가루, 버터가 들어간 화이트소스이다.
- Venison : 사슴고기.
- Vermicelle : 이탈리아음식 중 파스타의 일종으로 대단히 가늘고 둥근 모양의 파스타로, 수프에 가니시로 자주 사용한다.
- Vichy : 버터나 소량의 설탕을 첨가한 물에 얇게 썬 당근을 글레이징 한 것이다.
- Vichyssoise : 체에 내린 감자 퓌레와 잘게 썰은 대파 흰 부분, 치킨스톡, 크림 등을 넣어 만드는 차가운 수프이다.
- Vin : 포도주. 포도나 포도즙을 발효시켜 만든 과실주이다.
- Vinaigre : 식초.
- Vinaigrette : 비네그레트. 기름과 식초의 혼합물로 일반적으로 녹색채소와 다른 차가운 야채, 고기 또는 생선요리의 드레싱으로 사용된다. 가장 간단한 형태는 기름, 식초, 소금, 후추로 이루어진다. 여기에 향신료, 허브, 양파, 겨자 등의 다양한 재료를 이용한다.

W

- Wafer : 부드러운 원료(밀가루 · 콘스타치 · 우유 · 달걀노른자 등)를 잘 혼합해서 유동성의 묽은 반죽을 만들고, 이것을 와퍼 굽는 오븐에 구운 비스킷이다.
- Wellington : 소고기 안심을 패스트리반죽으로 싸서 굽는 요리로, 연한 안심이 약간 익고 겉에 쌓은 반죽이 바삭바삭 해질 때까지 오븐에서 익혀 완성한다.
- Whipping : 거품기를 사용하여 한쪽 방향으로 빠른 속도로 거품을 내어 공기를 함유하게 하는 것으로 생크림, 달걀흰자 등을 이용하여 거품을 낸다.

Z

- Zest : 향미를 내기 위해 사용하는 오렌지 또는 레몬껍질이다. 향이 있는 감귤류의 가장 바깥쪽의 표피로 야채 껍질깎이, 껍질 벗기는 칼, 감귤류의 껍질깎이에 의해 제거되는 부분이다. 오직 표피의 색이 있는 부분만이 제스트라고 말한다. 감귤류 제스트의 향기 있는 오일은 음식에 많은 향을 더해주고 익히지 않은 음식, 익히는 음식, 달콤한 음식이나 짭짤한 음식에 모두 사용할 수 있다.
- Zester : 오렌지 등의 껍질을 벗기다.
- Zucchini : 주키니라고 부르는 서양호박은 노란색이나 녹색, 연둣빛이다. 오이와 외형이 많이 닮았으며, 일부 재배종은 둥근 호리병 모양이다.

INTERNATIONAL
WESTERN
COOKING
실기편

INTERNATIONAL Western Cooking

전채요리

더운요리

Potato Wrapped Snails Cooked with Herbs Sauce

Potato Stuffed Potato

Hot Vegetable Dishes

Snails Served with Spinach Sauce

Fried Chicken Wings and Barbecue Sauce

Feuilletage in the Snail with Periguex Sauce

찬요리

Lobster with Olive Sauce, Shrimp Covered with Consommé Jelly

Assorted Seafood

Vegetable and Scallop, Crayfish Appetizer with Yellow Paprika Sauce and Balsamic Sauce

Soft Smoked Salmon and Camembert Cheese with Balsamic Sauce

Oyster Marinaded Wine Vinegar

Grilled Beef Topped with Parmesan Cheese and Asparagus

Assorted Vegetable Terrine

Terrine of the Sea Fruits with Tomatoes Herb Sauce

Asparagus Charlotte with Caviar

Salmon Salad with Cous Cous

Sole Served with Cucumber and Kiwi Sauce

Tomato and Camembert Cheese with Salad

Potato Wrapped Snails Cooked with Herbs Sauce

감자로 감싼 달팽이 요리와 허브소스 더운요리

Potato Wrapped Snails Cooked with Herbs Sauce

가니시 / 장식
그린비타민Green Vitamin 1잎
딜Dill 1줄기
타라곤Tarragon 1줄기

Ingredients

달팽이Snail 100g
감자Potato 100g
달걀흰자Egg White 30g
전분Starch 20g
백포도주White Wine 15mℓ
타라곤Tarragon 1줄기
생크림Fresh Cream 20mℓ
양파Onion 15g
마늘Garlic 3g
데미그라스소스Demi-Glace Sauce 50mℓ
버터Butter 10g
소금Salt 약간
후추Pepper 약간
로즈마리Rosemary 약간

허브 소스 재료
버터Butter 10g
마늘Garlic 1g
양파Onion 3g
로즈마리Rosemary 0.5g
백포도주White Wine 10mℓ
데미그라스소스Demi-Glace Sauce 30mℓ
생크림Fresh Cream 10mℓ
소금Salt 약간
후추Pepper 약간

Method of cooking

재료 준비하기

1 달팽이를 깨끗이 씻어 준비한다.
2 감자를 채칼에 곱게 채를 썰어 물에 담가놓는다.
3 마늘과 양파, 타라곤과 로즈마리를 곱게 다져 준비한다.

조리하기

1 냄비에 버터를 두르고, 다진마늘과 양파를 볶다가 달팽이를 넣고 볶으면서 타라곤을 넣어 볶아준다.
2 1번에 백포도주를 넣고 졸이다가 데미그라스소스를 넣어 졸여준 후, 생크림을 넣고 솔여 소금, 후추로 간을 한다.
3 채를 썰어둔 감자에 소금, 후추로 간을 하고, 스팀에 3분 정도 쪄낸 다음 감자를 식혀 전분과 계란흰자를 넣어 살짝 치대어 준 후, 비닐로 덮어 둥근 밀대로 2mm 두께로 밀어준다.
4 3번 감자에 졸여둔 달팽이를 얹어 김밥 말듯이 말아 팬에 노릇하게 구워서 낸다.

허브소스 만들기

1 팬에 버터를 두르고 다진마늘과 양파, 로즈마리를 넣고 볶다가 백포도주를 넣어 졸인 후 데미그라스소스를 넣고 졸인다.
2 1번에 생크림을 넣고 살짝 끓인 다음, 소금, 후추로 간을 하여 고운체에 내려놓는다.

접시에 담기

감자에 말아둔 달팽이를 먹기 좋은 크기로 잘라 접시에 모양 있게 담고 허브소스를 곁들여준다. 딜과 타라곤, 그린비타민으로 장식한다.

TIP

* 감자를 오버쿠킹이 되지 않게 쪄야 하고, 프라이팬에 구울 때에도 불온도 조절에 주의해야 한다.

Potato Stuffed Potato

감자 속을 채운 감자요리 더운요리

Potato Stuffed Potato

가니시 / 장식
로즈마리Rosemary 1줄기

Ingredients

감자Potato 150g
베이컨Bacon 10g
버터Butter 10g
생크림Fresh Cream 10㎖
파마산치즈Parmesan Cheese 5g

아메리칸치즈American Cheese 5g
차이브Chive 2줄기
넛메그Nutmeg 약간
소금Salt 약간
후추Pepper 약간

Method of cooking

재료 준비하기

1 감자를 깨끗이 씻어 준비한다.
2 베이컨과 차이브는 곱게 다져 준비한다.
3 아메리칸치즈는 아주 작은 주사위 모양으로 썰어 준비한다.

조리하기

1 감자는 통째로 오븐에서 구워낸 다음, 윗부분을 잘라내고 속을 적당히 파낸다.
2 달군 팬에 베이컨을 기름이 빠지도록 갈색이 나게 볶는다.
3 속을 파낸 감자를 용기에 담고 으깬 다음 넛메그, 베이컨, 차이브, 생크림, 버터, 파마산치즈를 넣고 잘 혼합한 다음 소금, 후추로 간을 한다.
4 속을 파낸 감자 속에 2번을 채우고 위에 아메리칸치즈를 올려 200℃로 예열된 오븐에서 5분 정도 구워 낸다.

접시에 담기

접시 중앙에 가지런히 놓고 파마산치즈와 아주 작은 주사위 썬 아메리칸치즈와 베이컨을 뿌려 모양을 낸다. 로즈마리로 장식한다.

TIP

* 감자를 완전히 익혀야 하며, 감자 속을 파낼 때 너무 얇게 파내지 말아야 한다.

Hot Vegetable Dishes

더운 야채요리 더운요리

Hot Vegetable Dishes

Ingredients

크레이프Crêpe 3장
당근Carrot 10g
양파Onion 10g
청파프리카Green Paprika 10g
홍파프리카Red Paprika 10g
작은새우Shrimp 10g
소고기Beef 10g
마늘Chopped Garlic 5g
백포도주White Wine 20㎖
올리브오일Olive Oil 15㎖
소금Salt 약간
후추Pepper 약간

크레이프 재료
달걀Egg 180g
밀가루Flour 130g
우유Milk 350㎖
버터Butter 15g
소금Salt 약간
후추Pepper 약간
파슬리찹Parsley Chop 0.5g

Method of cooking

재료 준비하기

1 당근, 양파, 청·홍파프리카를 모두 채를 썰어 준비한다.
2 소고기도 가늘게 채를 썰어 준비한다.
3 새우는 껍질을 제거하고, 3등분 정도로 잘라놓는다.

조리하기

1 달궈진 팬에 올리브오일을 두르고, 다진마늘을 살짝 볶다가 채 썰어둔 소고기를 넣어 볶고 백포도주를 넣은 후 졸여 소금, 후추로 간을 하여 놓는다.
2 달궈진 팬에 올리브오일을 두르고 다진마늘을 볶다가, 새우와 채 썬 야채를 넣고 볶아 소금, 후추로 간하고, 1번의 볶은 소고기와 혼합하여 식힌다.
3 적당히 달구어진 팬에 혼합된 크레이프 재료를 넣고 얇게 부쳐서 낸다.
4 부쳐서 낸 크레이프를 한 김 식힌 후, 볶아서 혼합해 둔 2번을 적당히 올려 김밥 말듯이 감싸 랩으로 고정한 뒤 예열된 스팀에 2분 정도 쪄낸다.

크레이프 만들기

1 우유를 따끈하게 데우면서 버터를 넣어 녹인다.
2 밀가루에 소금, 후추를 넣어 체에 내리고, 달걀은 거품기로 완전히 푼다.
3 1번에 체에 내려둔 밀가루를 넣고 잘 혼합한 다음, 거품기로 푼 달걀을 넣고 잘 혼합하여 체에 내린 후 파슬리찹을 넣고 혼합한다.
4 프라이팬에 얇게 부쳐서 낸다.

접시에 담기

모양 있게 잘라서 접시에 담는다.

TIP

* 야채를 센불에서 볶고 수분증발을 시켜야 한다.
* 크레이프 도우는 재료 분량이 정확해야 하며 너무 센불에서 부치게 되면 기포가 생긴다.

Snails served with spinach sauce

시금치와 양배추소스로 맛을 낸 달팽이 요리 더운요리

Snails Served with Spinach Sauce

가니시 / 장식
타라곤Tarragon 1줄기
식용꽃Edible Flower 1개

Ingredients

달팽이Snail 80g
양파Onion 10g
마늘Chopped Garlic 5g
백포도주White Wine 30㎖
닭육수Chicken Stock 30㎖
생크림Fresh Cream 20㎖
버터Butter 10g
타라곤Tarragon 0.5g
소금Salt 약간
후추Pepper 약간

시금치 · 양배추소스 재료
시금치Spinach 50g
양배추Cabbage 50g
양파Onion 10g
버터Butter 10g
생크림Fresh Cream 20㎖
백포도주White Wine 20㎖
닭육수Chicken Stock 100㎖
소금Salt 약간
후추Pepper 약간

Method of cooking

재료 준비하기

1 달팽이는 깨끗하게 씻어 준비한다.
2 양배추는 채를 썰고, 양파와 타라곤은 곱게 다져 준비한다.
3 시금치는 잎만 따서 물을 붓고 믹서에 곱게 갈아 체에 걸러 둔다.

조리하기

1 팬에 버터를 두르고 다진마늘과 양파를 볶다가 달팽이와 타라곤을 넣고 볶아준다.
2 1번에 백포도주를 넣어 졸이다가 닭육수를 넣고 졸인 후, 생크림을 넣고 졸인다.

시금치 · 양배추소스 만들기

1 냄비에 시금치 갈은 물을 넣고, 약한 불에서 시금치 엽록소가 형성되면 소창에 걸러 버터에 혼합한다.
2 냄비에 버터를 두르고 양파와 양배추를 은근한 불에서 오래도록 볶아준다. 백포도주를 넣고 졸인 후, 육수를 붓고 양배추가 완전히 뭉그러질 때까지 약한 불에 익힌 후 생크림을 넣고 졸인 다음, 믹서에 곱게 갈아 고운체에 내려 시금치 엽록소를 혼합하여 소금, 후추로 간을 한다.

접시에 담기

졸여 둔 달팽이를 접시에 모양 있게 담고 시금치·양배추소스를 곁들인다. 식용꽃과 타라곤으로 장식한다.

TIP

* 시금치 엽록소를 만들 때 물의 온도가 90℃에서 엽록소 결정체가 형성되는 타이밍이기 때문에, 물의 온도가 매우 중요하다. 절대로 물이 끓으면 안 된다.
* 양배추는 완전히 뭉그러질 때까지 익혀야 믹서에 갈았을 때 섬유질의 입자가 남지 않고 부드러운 소스를 얻을 수 있다.

Fried Chicken Wings and Barbecue Sauce

닭날개 튀김과 바비큐소스 더운요리

Fried Chicken Wings and Barbecue Sauce

Ingredients

닭날개Chicken Wings 80g
바질Basil 2잎
마늘Garlic 3g
양파Onion 10g
새송이버섯King Oyster Mushroom 10g
가지Eggplant 10g
홍파프리카Red Paprika 10g
애호박Squash 10g
파슬리Parsley 1줄기
백포도주White Wine 30㎖
올리브오일Olive Oil 30㎖
밀가루Flour 100g
우유Milk 100㎖
월계수잎Bay Leaf 1잎
소금Salt 약간
후추Pepper 약간

바비큐소스 재료

토마토케첩Tomato Ketchup 100g
양파Onion 30g
마늘Garlic 10g
우스타소스Worcester Sauce 10㎖
겨자소스Mustard Sauce 10㎖
식초Vinegar 10㎖
백포도주White Wine 50㎖
흑설탕Brown Sugar 30g
설탕시럽Sugar Syrup 10㎖
케니언페퍼Cayenne Pepper 5g
닭육수Chicken Stock 400㎖
올리브오일Olive Oil 20㎖
소금Salt 약간
후추Pepper 약간

Method of cooking

재료 준비하기

1 닭날개를 손질하여 2시간 정도 우유에 담가두었다가 건져내어 올리브오일과 백포도주, 으깬마늘, 파슬리줄기, 월계수잎에 2시간 정도 재운다.
2 양파, 새송이버섯, 가지, 홍파프리카, 애호박은 1×1㎝ 주사위 모양으로 자른다.
3 마늘은 다져두고, 바질은 가늘게 채를 썬다.
4 준비한 소스재료들로 바비큐소스를 만든다.(부록 소스편 '바비큐소스' 참고)

조리하기

1 재워두었던 닭날개의 수분을 제거하고 소금, 후추로 간을 하여 밀가루를 묻혀 기름에 튀긴다.
2 달궈진 팬에 오일을 두르고 다진마늘을 볶다가 작은 주사위 모양의 양파, 새송이버섯, 가지, 홍파프리카, 애호박을 넣고 센불에서 볶아준다. 바질, 백포도주를 넣고 살짝 졸인 후 바비큐소스를 넣고 소금, 후추로 간을 한다.

접시에 담기

접시 중앙에 원형틀을 놓고 그 안에 볶은 야채를 모양 있게 담은 후, 닭날개를 모양 있게 얹어 바비큐소스를 곁들인다.

Feuilletage in the Snail with Periguex Sauce

후리타지로 감싼 달팽이 요리 더운요리

Feuilletage in the Snail with Periguex Sauce

가니시 / 장식
로즈마리Rosemary 1줄기

Ingredients

달팽이Snail 100g
후리타지Feuilletage 100g
시금치Spinach 10g
마늘Chopped Garlic 5g
달걀노른자Egg Yolk 1개
양파Onion 10g
푸아그라Foie Gras 10g
송로버섯Truffle 3g
백포도주White Wine 30㎖
데미그라스소스Demi-Glace Sauce 80㎖
코냑Cognac 5㎖
올리브오일Olive Oil 15㎖
생크림Fresh Cream 20㎖
소금Salt 약간
후추Pepper 약간

Method of cooking

재료 준비하기

1 냉동 후리타지를 적당한 크기로 2장을 잘라 준비한다.
2 양파와 마늘은 곱게 다지고, 시금치는 잎만 사용하는데 살짝 데쳐 물기를 제거해 썰어놓는다.
3 거위의 간(푸아그라)은 작은 주사위 모양으로 썰고, 송로버섯은 아주 가늘게 채를 썰어 준비한다.
4 달팽이를 깨끗이 손질해 둔다.

조리하기

1 달궈진 팬에 마늘과 양파를 볶는다. 그리고 달팽이를 넣고 볶다가 백포도주를 넣고 졸인 후, 브랜디로 후란베한 다음 데미그라스소스를 넣고 졸인다.
2 팬에 다진마늘과 양파를 볶다가 시금치를 넣고 볶은 후, 백포도주로 졸인 다음 소금, 후추로 간을 한다.
3 후리타지 1장을 깔고, 그 위에다 달팽이와 시금치, 푸아그라를 얹은 다음 테두리 부분에 달걀노른자를 바르고, 남은 1장의 후리타지를 덮어 포크로 테두리 부분을 눌러 압착시킨다.
4 3번에 달걀노른자를 전체적으로 바른 다음, 가장자리 부분을 포크로 찔러 구멍을 낸 후, 200℃로 예열된 오븐에서 갈색이 나게 구운다.
5 팬에 송로버섯을 넣고 코냑으로 후란베를 한 다음, 데미그라스소스를 넣고 끓인다.(페리소스)
6 냄비에 생크림을 졸인다.

접시에 담기

접시에 소스를 깔고, 구워진 후리타지로 감싼 달팽이를 놓고 졸인 생크림과 로즈마리로 장식한다.

TIP

* 냉동 후리타지를 작업할 때에는 빠른 시간에 진행되어야 처지지 않게 작업할 수 있다.

Lobster with Olive Sauce, Shrimp Covered with Consommé Jelly

콩소메 젤리를 씌운 바닷가재, 새우 전채요리와 올리브소스

찬요리

Lobster with Olive Sauce, Shrimp Covered with Consommé Jelly

가니시 / 장식

차이브Chive 2줄기

Ingredients

바닷가재Lobster 40g
새우Shrimp 40g
표고버섯Shiitake 10g
그린비타민Green Vitamin 5g
롤라로사Lolla Rossa 5g
콩소메Consomé 50㎖
젤라틴Jelatin 15g

올리브소스 재료

블랙올리브Black Olive 5g
그린올리브Green Olive 5g
올리브오일Olive Oil 30㎖
식초Vinegar 10㎖
레몬즙Lemon Juice 5㎖
마늘Garlic 2g
양파Onion 5g
백포도주White Wine 15㎖
소금Salt 약간
후추Pepper 약간

Method of cooking

재료 준비하기

1 바닷가재, 새우를 삶아 껍질을 제거하고 작은 주사위 모양으로 썰어 준비한다.
2 표고버섯을 끓는 물에 데쳐 물기를 제거하고, 작은 주사위 모양으로 썰어 준비한다.
3 올리브를 곱게 다져 준비한다.
4 마늘은 곱게 다지고, 양파는 곱게 다져 물에 담갔다가 수분을 완전히 제거한다.

조리하기

1 콩소메에 젤라틴을 혼합해 팬에 얇게 부어 냉장고에서 굳힌다.
2 바닷가재와 새우, 표고버섯을 올리브소스로 양념하여 재운다.

올리브소스 만들기

1 적당한 용기에 올리브 다진 것을 넣고 올리브오일과 식초, 레몬즙, 다진마늘, 양파, 백포도주를 넣고 잘 혼합한 다음, 소금, 후추로 간을 하여 올리브소스를 만든다.

접시에 담기

접시에 채소를 모양 있게 깔고 올리브소스에 재워둔 바닷가재와 새우 표고버섯을 둥근형 틀 안에 소담하고 모양 있게 담고, 위에 콩소메 젤리로 덮은 후 올리브소스를 뿌린다.

TIP

* 콩소메 젤리를 최대한 얇게 하여 위에 얹으면, 색상과 모양이 좋다.

Assorted Seafood

모듬해산물요리 찬요리

Assorted Seafood

가니시 / 장식

치커리Chicory 1잎
붉은 롤라로사Lolla Rossa(Red) 1잎
차이브Chive 1줄기
타라곤Tarragon 1줄기

Ingredients

훈제연어Smoked Salmon 30g
달걀Egg 1개
전복Abalone 40g
케이퍼Caper 3g
석화Oyster 30g
홀스래디쉬Horseradish 3g
가리비Scollop 20g
캐비어(철갑상어알)Caviar 20g
레몬Lemon 10g
무순Radish Sprouts 2g
칵테일소스Cocktail Sauce 30㎖
다진양파Chopped Onion 2g

전복, 가리비 삶을 재료

물Water 500㎖
양파Onion 20g
당근Carrot 20g
셀러리Celery 10g
통후추Whole Pepper 7알
백포도주White Wine 30㎖
레몬즙Lemon Juice 10㎖
월계수잎Bay Leaf 1잎
소금Salt 약간

칵테일소스 재료

토마토케첩Tomato Ketchup 70g
홀스래디쉬Horseradish 20g
백포도주White Wine 10㎖
레몬즙Lemon Juice 약간
소금Salt 약간
후추Pepper 약간

Method of cooking

재료 준비하기

1 양파, 당근, 셀러리는 어슷하게 썰어 준비한다.

조리하기

1 냄비에 물, 양파, 당근, 셀러리, 통후추, 백포도주, 레몬즙, 월계수잎, 소금을 전부 넣은 후, 끓으면 전복과 가리비를 넣고 삶다가, 가리비는 3분 후 건져내고 전복은 10분 정도까지 삶는다.
2 훈제연어를 얇게 포를 떠서 무순을 놓고 말아놓는다.
3 달걀은 삶아 흰자와 노른자를 분리하여 고운체에 내려놓는다.

접시에 담기

1 삶은 전복과 가리비는 얇게 포를 떠서 각각의 그릇에 모양 있게 가지런히 돌려 담는다.
2 무순을 넣어 말아둔 훈제연어를 그릇에 담고, 레몬을 모양 있게 잘라 곁들여 그릇에 담는다.
3 홀스래디시도 훈제연어와 함께 곁들이면 좋다.
4 다진양파, 체에 내린 삶은 달걀노른자, 캐비어, 케이퍼를 각각의 그릇에 모양 있게 담는다.
5 칵테일소스를 진복과 관자에 곁들인다.
6 접시 중앙에 치커리, 붉은 롤라로사, 차이브, 타라곤으로 장식한다.

TIP

* 신선한 재료를 이용하고 각각의 용기를 잘 선택하는 것이 좋다.

Vegetable and Scallop, Crayfish Appetizer with Yellow Paprika Sauce and Balsamic Sauce

노란파프리카소스와 발사믹소스를 곁들인 야채와 관자, 가재 전채요리

찬요리

Vegetable and Scallop, Crayfish Appetizer with Yellow Paprika Sauce and Balsamic Sauce

가니시 / 장식

바질Basil 2잎

Ingredients

관자Scallop 40g
가재Crayfish 40g
그린비타민Green Vitamin 3g
베이비비트잎Baby Beet Leaf 3g
아루굴라Arugula 3g
팽이버섯Enoki Mushroom 3g
발사믹소스Balsamic Sauce 10mℓ
백포도주White Wine 30mℓ
레몬즙Lemon Juice 약간
소금Salt 약간
후추Pepper 약간

노란 파프리카소스 재료

노란 파프리카Yellow Paprika 30g
양파Onion 10g
백포도주White Wine 15mℓ
생선육수Fish Stock 100mℓ
생크림Fresh Cream 20mℓ
레몬즙Lemon Juice 5mℓ
올리브오일Olive Oil 30mℓ
소금Salt 약간
후추Pepper 약간

Method of cooking

재료 준비하기

1 관자와 껍질을 깐 가재를 5mm 두께로 잘라 준비한다.
2 팽이버섯을 2cm 길이로 잘라놓는다.
3 채소를 깨끗이 씻어 2cm 크기로 잘라놓는다.
4 노란 파프리카를 채로 썰고, 양파는 곱게 다져놓는다.

조리하기

1 달궈진 팬에 관자와 가재를 센불에서 볶다가 백포도주를 넣고 졸인 후, 소금, 후추로 간을 하고 레몬즙을 조금 넣어 볶는다.

노란 파프리카소스 만들기

1 냄비에 오일을 두르고 양파를 볶으면서 노란 파프리카를 넣고 볶다가 백포도주를 넣고 졸인 후, 생선육수를 붓고 약한 불에서 오랫동안 익혀준다.
2 1번에 생크림을 넣고 끓인 후 믹서에 곱게 갈아 소금, 후추로 간을 하고, 레몬즙을 넣어 노란 파프리카 소스를 만든다.

접시에 담기

접시 중앙에 야채를 놓고 위에 팽이버섯을 놓은 다음 구워진 관자와 가재를 놓고, 발사믹소스와 노란 파프리카 소스를 곁들여 바질로 장식한다.

TIP

* 소스를 만들 때 파프리카가 완전히 뭉그러지도록 익혀야 입자가 없이 부드러운 소스를 만들 수 있다.

Soft Smoked Salmon and Camembert Cheese with Balsamic Sauce

부드러운 훈제연어와 까망베르치즈에 발사믹소스 찬요리

Soft Smoked Salmon and Camembert Cheese with Balsamic Sauce

가니시 / 장식
차이브Chive 2줄기

Ingredients

훈제연어Smoked Salmon 30g
까망베르치즈Camembert Cheese 20g
토마토Tomato 50g
블랙올리브Black Olive 10g
사과Apple 10g
양상추Lettuce 5g
롤라로사Lolla Rossa 5g
오이Cucumber 10g
처빌Chervil 1g
차이브Chive 1g
올리브오일Olive Oil 10mℓ
레몬즙Lemon Juice 5mℓ
소금Salt 약간
후추Pepper 약간
발사믹소스Balsamic Sauce 20mℓ

Method of cooking

재료 준비하기

1 끓는 물에 토마토를 살짝 데쳐 껍질을 벗긴 다음 씨를 제거하고, 1×1㎝ 주사위 모양과 삼각형(웨지) 모양으로 한 쪽 썰어놓는다.
2 사과와 오이는 껍질과 씨를 제거하고, 1×1㎝ 주사위 모양으로 썰어 끓는 물에 살짝 데쳐 준비한다.
3 블랙올리브를 1×1㎝ 주사위 모양으로 썰어놓는다.
4 차이브를 곱게 썰어놓는다.
5 까망베르치즈를 삼각형(웨지)으로 잘라놓는다.
6 훈제연어를 2㎜ 두께로 포를 떠서 2장을 준비한다.
7 양상추, 롤라로사, 처빌은 깨끗이 씻어 물기를 제거한다.

조리하기

1 적당한 용기에 주사위 모양으로 썰어둔 토마토, 사과, 오이, 블랙올리브와 곱게 썰어놓은 차이브를 넣고 레몬즙, 소금, 후추, 올리브오일로 혼합한다.
2 얇게 썬 훈제연어 두 장으로 양상추, 롤라로사, 토마토 웨지 한 쪽과 까망베르치즈 웨지 한 쪽으로 함께 감싼다.

접시에 담기

접시 중앙에 원형 틀을 놓고 조리하기 1번의 혼합된 것을 채운 다음, 위에 연어로 감싼 것을 얹고 원형 틀을 뺀 후 발사믹소스를 곁들여 차이브로 장식한다.

TIP

* 수분이 흘러나오지 않도록 물기를 제거해서 조리한다.

Oyster Marinaded Wine Vinegar

포도식초에 절인 석화요리 찬요리

Oyster Marinaded Wine Vinegar

가니시 / 장식

차이브Chive 1줄기
처빌Chervil 1줄기

Ingredients

굴Oyster 80g
포도식초Wine Vinegar 50mℓ
적포도주Red Wine 50mℓ
당근Carrot 10g
양파Onion 10g
마늘Garlic 3g

셀러리Celery 5g
레몬즙Lemon Juice 2mℓ
올리브오일Olive Oil 50mℓ
소금Salt 약간
후추Pepper 약간

Method of cooking

재료준비

1 포도식초와 적포도주를 준비한다.
2 마늘, 양파, 당근, 샐러리를 1×1㎜로 잘라 준비한다.
3 굴은 껍질을 제거하고 준비한다.

조리하기

1 뜨거운 물에 잘라둔 마늘, 당근, 양파, 셀러리를 데친 후 물기를 제거한다.
2 포도식초와 백포도주를 각각 ⅓로 졸여서 혼합한다.
3 적당한 용기에 1번과 2번, 올리브오일을 넣고 혼합하여 소금, 후추로 간을 한 다음, 석화를 넣고 재워놓는다.

접시에 담기

볼같이 생긴 접시에 모양 있게 담고 차이브와 처빌로 장식한다.

TIP

* 석화가 나오는 계절이 아니면 냉동석화를 살짝 데쳐서 사용하면 된다.

Grilled Beef Topped with
Parmesan Cheese and Asparagus

파마산치즈로 구운 소고기 속에 아스파라거스 찬요리

Grilled Beef Topped with Parmesan Cheese and Asparagus

가니시 / 장식

처빌Chervil 1줄기
차이브Chive 2줄기
식용꽃Edible Flower 1개

Ingredients

아스파라거스Asparagus 50g
소고기Beef 100g
베이비채소Baby Vegetable 5g
롤라로사Lolla Rossa 5g
파마산치즈Parmesan Cheese 15g
발사믹식초Balsamic Vinegar 30㎖
올리브오일Olive Oil 10㎖
로즈마리Rosemary 1g
발사믹소스Balsamic Sauce 50㎖
소금Salt 약간
후추Pepper 약간

Method of cooking

재료준비

1 베이비채소, 롤라로사는 깨끗이 씻어 준비한다.
2 로즈마리는 곱게 다져 준비한다.
3 아스파라거스를 손질하여 깨끗이 씻어놓는다.
4 소고기는 두께 2㎜ 포를 떠서 곱게 다져둔 로즈마리를 발라 혼합한 발사믹식초와 발사믹소스에 2시간 정도를 재워놓는다.

조리하기

1 아스파라거스를 끓는 물에 살짝 데쳐 찬물에 식힌 다음, 물기를 제거하고 소금, 후추로 간을 한 후 오일을 뿌려놓는다.
2 재워둔 소고기를 키친타월로 닦아낸 후 파마산치즈를 뿌려 오븐에 살라망드에서 살짝 익힌 다음, 아스파라거스를 말아놓는다.

접시에 담기

접시 중앙에 채소를 소담하게 담고, 말아둔 소고기를 모양 있게 놓아준다. 발사믹소스를 뿌려 모양을 내고, 처빌과 차이브 식용꽃으로 장식한다.

TIP

* 아스파라거스는 살짝 데쳐 색이 변하지 않게 얼음물에 빠르게 식혀두고, 소고기는 살짝만 익혀야 한다.

Assorted Vegetable Terrine

채소 테린 찬요리

Assorted Vegetable Terrine

가니시 / 장식
바질Basil 2잎
차이브Chive 2줄기

Ingredients

훈제연어Smoked Salmon 50g
토마토케첩Tomato Ketchup 80g
토마토Tomato 50g
당근Carrot 30g
팽이버섯Enoki Mushroom 10g
양파Onion 50g
셀러리Celery 10g
홍합Mussel 50g
새우Shrimp 50g
청파프리카Green Paprika 20g
홍파프리카Red Paprika 20g
젤라틴 분말Gelatin Powder 150g
백포도주White Wine 50mℓ
올리브오일Olive Oil 15mℓ
비프콩소메Beef Consomme 100mℓ
닭육수Chicken Stock 100m
소금Salt 약간
후추Pepper 약간

레드와인 비네거드레싱 재료
레드와인식초Red Wine Vinegar 20mℓ
올리브오일Olive Oil 30ml
갈은양파Ground Onion 5g
다진마늘Chopped Garlic 2g
소금Salt 약간
후추Pepper 약간

Method of cooking

재료 준비하기

1 훈제연어를 1×1㎝ 주사위 모양으로 썰고, 팽이버섯은 1㎝ 길이로 자른다.
2 당근, 양파, 청파프리카, 홍파프리카를 곱게 채를 썰어 준비한다.
3 적당한 용기에 물을 붓고 어슷하게 썬 양파, 당근, 셀러리와 소금, 후추, 월계수잎, 레몬즙, 와인을 넣고 끓인 후, 홍합과 새우를 데쳐 내어 껍질을 제거하고 1×1㎝ 크기로 자른다.
4 토마토는 뜨거운 물에 껍질과 씨를 제거한다.

조리하기

1 냄비에 오일을 두르고 채를 썰어둔 당근, 양파, 청·홍파프리카와 씨를 제거한 토마토를 볶다가 백포도주를 첨가하여 졸인 후 케첩을 넣고 볶아준다.
2 1번에 비프콩소메와 닭육수를 붓고 은근한 불에서 채소가 물러져 익을 때까지 끓인 다음 소금, 후추로 간을 한 뒤 젤라틴 분말을 넣고 믹서에서 곱게 간다.
3 몰드에 2번을 1㎝ 정도 붓고 냉장고에서 살짝 굳힌 후, 잘라둔 훈제연어와 팽이버섯 새우와 홍합을 가지런히 놓고 다시 2번의 채소 젤리를 덮어 붓고 냉장고에서 굳힌다.

레드와인 비네거드레싱 만들기

1 레드와인식초, 올리브오일, 갈은양파, 다진마늘을 볼에 넣고 혼합한 뒤 소금, 후추로 간을 한다.

접시에 담기

적당한 두께로 잘라 접시에 모양 있게 담고, 레드와인 비네거드레싱과 곁들여 낸다. 바질과 차이브로 장식한다.

TIP

* 새콤한 종류의 다른 소스를 곁들여도 좋다.

Terrine of the Sea Fruits with Tomatoes Herb Sauce

진미의 해물에 채소 테린과 토마토 향초소스 찬요리

Terrine of the Sea Fruits with Tomatoes Herb Sauce

Ingredients

바닷가재Lobster 50g
새우Shrimp 50g
아티초크Artichoke 10g
아스파라거스Asparagus 10g
블랙올리브Black Olive 10g
방울양배추Brussels Sprouts 10g
비프콩소메 젤라틴Beef Consomé Gelatin 200㎖(젤라틴 분말 2½봉)
홍파프리카Red Paprika 10g
처빌Chervil 1g
바질Basil 1g
차이브Chive 1g
토마토Tomato 10g
백포도주White Wine 20㎖
양파Onion 5g
셀러리Celery 10g
월계수잎Bay Leaf 1잎
마늘Garlic 3g
당근Carrot 10g
레몬즙Lemon Juice 약간
소금Salt 약간
후추Pepper 약간
통후추Whole Pepper 5알

토마토 향초소스 재료

토마토Tomato 5g
처빌Chervil 1g
바질Basil 1g
차이브Chive 1g
백포도주White Wine 10㎖
발사믹식초Balsamic Vinegar 20㎖
올리브오일Olive Oil 30㎖
소금Salt 약간
후추Pepper 약간

Method of cooking

재료 준비하기

1 양파와 마늘은 곱게 다지고, 토마토 1×1㎝ 주사위 모양으로 썰고, 처빌, 바질, 차이브는 굵게 썰어놓는다.(소스용 / 전채용)
2 끓는 물에 아스파라거스와 방울양배추를 데쳐 얼음에 식혀 물기를 제거하고, 아스파라거스는 1㎝ 크기로 자른 후 방울양배추는 4등분으로 잘라 소금, 후추로 간을 한다.
3 아티초크는 1×1㎝의 작은 주사위 모양으로 썰어 소금, 후추로 간을 한다.
4 홍파프리카를 작은 주사위 모양으로 썰어 끓는 물에 데쳐 소금, 후추로 간을 한다.
5 적당한 용기에 물을 붓고 어슷하게 썬 양파, 당근, 셀러리와 소금, 통후추, 월계수잎, 레몬즙, 백포도주를 넣고 끓인 후 바닷가재와 새우를 데쳐 껍질을 제거하고 1×1㎝의 주사위 모양 크기로 자른다.
6 비프콩소메를 살짝 데워 젤라틴 분말을 혼합하고 소금, 후추로 간을 한다.

조리하기

1 적당한 모형 틀에 젤라틴을 붓고, 재료 준비하기 1번에서 5번 재료들을 적당히 채워 넣고, 그 위에 재료 준비하기 6번의 콩소메 젤라틴을 붓고 냉장고에서 굳힌다.

토마토 향초소스 만들기

1 적당한 용기에 토마토, 처빌, 바질, 차이브를 넣고 소금, 후추로 간을 한 후 백포도주와 발사믹식초, 올리브오일을 넣고 혼합하여 토마토 향초소스를 만든다.

접시에 담기

해물채소 테린을 적당한 크기로 잘라 접시에 모양 있게 담고 소스를 곁들인다.

Asparagus Charlotte with Caviar

캐비어를 가미한 아스파라거스 샤롯데 찬요리

Asparagus Charlotte with Caviar

가니시 / 장식
처빌Chervil 1줄기
차이브Chive 2줄기

Ingredients

그린 아스파라거스Green Asparagus 40g
흰 아스파라거스White Asparagus 40g
캐비어Cavia 50g
토마토Tomato 50g
올리브오일Olive Oil 10㎖
레몬즙Lemon Juice 2㎖
젤라틴 분말Gelatin Powder 2g
딜Dill 1g
처빌Chervil 1g
소금Salt 약간
후추Pepper 약간

아스파라거스 크림소스 재료
그린 아스파라거스Green Asparagus 30g
흰 아스파라거스White Asparagus 30g
마늘Chopped Garlic 3g
양파Chopped Onion 5g
닭육수Chicken Stock 150㎖
백포도주White Wine 15㎖
생크림Fresh Cream 40㎖
소금Salt 약간
후추Pepper 약간

Method of cooking

재료 준비하기

1 아스파라거스는 뿌리 쪽 부분의 껍질을 벗기고 윗부분에서 4~5㎝ 길이로 자른 후, 끓는 물에 데친 다음 얼음물에 식혀 세로 길이로 반을 갈라 소금, 후추, 올리브오일로 간을 한다.
2 토마토를 끓는 물에 데쳐 껍질과 씨를 제거하고, 작은 주사위 모양으로 썰어놓는다.
3 딜과 처빌은 잘게 썰어놓는다.

조리하기

1 적당한 용기에 손질한 토마토, 딜, 처빌을 넣고 레몬즙, 소금, 후추로 간을 한 다음, 올리브오일을 넣고 잘 혼합한다.

아스파라거스 크림소스 만들기

1 끓는 물에 아스파라거스를 넣고 데쳐 식힌 후 잘게 썬다.
2 팬에 올리브오일을 두르고 다진마늘과 다진양파를 볶다가, 잘게 썰어둔 아스파라거스를 넣고 볶으면서 백포도주를 넣고 졸인 후 닭육수를 넣고 끓이면서 생크림을 넣고 졸인다.
3 믹서로 갈아 고운체에서 걸러 소금, 후추로 간을 한다.

접시에 담기

- 접시 중앙에 둥근 틀을 놓고 반으로 갈라둔 아스파라거스에 젤라틴 분말을 뿌린 후 원형 틀에 돌아가며 세우고, 그 가운데 잘 혼합해 둔 조리하기 1번을 채운 후 냉장고에서 살짝 굳힌다.
- 굳혀둔 것을 꺼내어 그 위에 캐비어를 올려준 후, 원형 틀을 조심스럽게 빼낸다. 식혀둔 아스파라거스 크림소스를 곁들이고, 차이브와 처빌로 장식한다.

Salmon Salad with Cous Cous

쿠스쿠스와 연어샐러드 찬요리

Salmon Salad with Cous Cous

가니시 / 장식
딜Dill 2줄기

Ingredients

훈제연어Smoked Salmon 80g
쿠스쿠스Cous Cous 50g
엔다이브Endive 50g
양파Onion 10g
휀넬Fennel 10g
흰깨White Sesame 5g

딜Dill 1g
파슬리Parsley 1g
레몬즙Lemon Juice 3㎖
올리브오일Olive Oil 15㎖
소금Salt 약간
후추Pepper 약간

Method of cooking

재료 준비하기

1 훈제연어를 5×5㎜ 주사위 모양으로 썰어 준비한다.
2 휀넬을 3×3㎜로 아주 얇게 썰어 준비한다.
3 파슬리와 딜은 곱게 다져놓는다.
4 양파를 곱게 다져 살짝 데쳐 물기를 제거한다.
5 엔다이브를 깨끗이 씻어 준비한다.
6 적당량의 쿠스쿠스를 준비한다.

조리하기

1 끓는 물에 쿠스쿠스를 넣고 삶아 낸 후, 체에 받쳐 물기를 제거하고 넓게 펼쳐 식히면서 올리브오일을 발라준다.
2 적당한 용기에 쿠스쿠스, 연어, 휀넬, 파슬리, 딜을 넣고 잘 혼합한 후 레몬즙, 소금, 후추로 간하고 올리브오일을 넣어 혼합한다.

접시에 담기

엔다이브에 혼합한 쿠스쿠스를 적당히 채우고 접시에 모양 있게 담는다. 딜로 장식한다.

TIP

* 쿠스쿠스를 삶을 때 물 위로 떠오르면 익은 것이다.

※쿠스쿠스란? 13세기 이래 오랜 시간을 들여서 주의 깊게 쪄내야 부드러워져서 먹을 수 있었던 쿠스쿠스가, 오늘날 끓는 물에 몇 분만 조리하면 먹을 수 있게 되었다는 것만으로도 격세지감이 느껴진다. 이 작은 건조시킨 반죽 알갱이는 전통적으로 갓 갈아낸 곡식을 사용해서 손으로 만들었지만, 오늘날에는 세계적으로 대량생산되는 간편식품이다. 약간 달짝지근하지만, 거의 특색이 없는 쿠스쿠스는 샐러드나 전채요리로 만들어 먹으면 훌륭하며, 양념이 진한 고기나 야채요리에 곁들여도 이상적이다.

Sole Served with Cucumber and Kiwi Sauce

키위향과 오이소스를 곁들인 박대 전채요리 찬요리

Sole Served with Cucumber and Kiwi Sauce

Ingredients

박대Tongue Sole 100g
이탈리안소스Italian Sauce 100㎖
바질Basil 2g
양파Onion 10g
당근Carrot 10g
셀러리Celery 10g
팽이버섯Enoki Mushroom 20g

오이소스 재료
오이Cucumber 50g
키위Kiwi 50g
올리브오일Olive Oil 20㎖
발사믹식초Balsamic Vinegar 10㎖
소금Salt 약간
후추Pepper 약간

Method of cooking

재료 준비하기

1 박대를 2㎜ 두께로 얇게 손질한다.
2 당근, 양파, 셀러리, 바질을 곱게 다져 이탈리안소스에 혼합한 후, 손질한 박대를 넣어 4시간 정도 재워놓는다.
3 오이는 껍질과 씨를 제거하고, 작은 3×3㎜ 주사위 모양으로 썰어 준비한다.
4 키위는 껍질을 제거하고 믹서에 곱게 갈아 체에 내려놓는다.

조리하기

1 재워둔 박대를 팽이버섯과 함께 말아 스팀에 쪄낸다.

오이소스 만들기

1 적당한 용기에 키위주스, 오이, 발사믹식초, 올리브오일, 소금, 후추를 넣고 혼합시킨다.

접시에 담기

찐 박대를 모양 있게 잘라 접시에 소담하게 담고, 오이소스를 곁들여준다.

TIP

* 싱싱한 박대를 사용하고, 너무 익히지 않는 것이 좋다.

Tomato and Camembert Cheese with Salad

토마토와 아보카도를 이용한 전채요리 찬요리

Tomato and Camembert Cheese with Salad

가니시 / 장식
바질Basil 2잎

Ingredients

이탈리아토마토Italy Tomato 100g
까망베르치즈Camembert Cheese 50g
아보카도Avocado 20g
단호박Sweet Pumpkin 20g
이탈리안소스Italian Sauce 20㎖
바질Basil 2잎
소금Salt 약간
후추Pepper 약간

Method of cooking

재료 준비하기

1 토마토의 윗부분을 잘라내고 속을 파낸 다음 수분을 제거한다.
2 단호박을 5×5㎜ 주사위 모양으로 썰어 뜨거운 물에 데쳐놓는다.
3 아보카도는 씨를 제거하고 껍질을 벗긴 다음, 5×5㎜ 주사위 모양으로 썰어놓는다.
4 까망베르치즈도 5×5㎜ 주사위 모양으로 썰어놓는다.
5 바질을 다져놓는다.

조리하기

1 적당한 용기에 단호박, 아보카도, 까망베르치즈를 넣고 혼합한 다음 소금, 후추로 간을 하고, 다진 바질과 이탈리안소스를 넣고 혼합한다.
2 속을 파낸 토마토에 1번을 채운다.

접시에 담기

접시에 모양 있게 담는다. 바질과 이탈리안소스로 장식한다.

TIP

* 토마토 속을 제거할 때 껍질이 터지지 않도록 주의한다.

INTERNATIONAL Western Cooking

수프

Consommé with Assorted Sea Food and Vegetable
Potato Soup
French Style Onion Soup in the Snail
Carrot Soup
Garlic Cream Soup
Thick Creamy Lobster Soup
Chestnut Cream Soup
Mugwort Cream Soup
Pistachio and Avocado Soup
Asparagus Cream Soup
Mushroom Soup
Milanaise Style Vegetable Soup
Curry Flavoured Chicken Cream Soup
Kale Cream Soup
Beef Consomme Soup

Consommé with Assorted Sea Food and Vegetable

콩소메 속에 여러 가지 채소와 해물

Consommé with Assorted Sea Food and Vegetable

가니시 / 장식
오레가노Oregano 1잎

Ingredients

전복Abalone 10g
관자Scallop 10g
홍합Mussel 10g
토마토Tomato 10g
당근Carrot 30g
셀러리Celery 10g
양파Onion 20g
블랙올리브Black Olive 5g
아티초크Artichoke 5g
아스파라거스Asparagus 10g
콩소메Consomé 200㎖
세리와인Sherry Wine 30㎖
코냑Cognac 5㎖
레몬즙Lemon Juice 2㎖
월계수잎Bay Leaf 1잎
소금Salt 약간
후추Pepper 약간
통후추Whole Pepper 5알

Method of cooking

재료 준비하기

1 물에 양파, 당근(20g), 셀러리, 통후추, 월계수잎, 레몬즙, 세리와인, 소금을 넣고 관자, 전복, 홍합을 데쳐 낸 다음, 2×2㎜ 크기로 썰어놓는다.
2 아스파라거스를 2㎜ 두께로 썰어 데쳐놓는다.
3 당근 2×2㎜ 크기의 주사위 모양으로 썰어 데쳐놓는다.
4 아티초크를 2×2㎜ 크기의 주사위 모양으로 썰어 데쳐놓는다.
5 블랙올리브를 2㎜ 두께로 썰어놓는다.
6 토마토를 끓는 물에 데쳐 껍질과 씨를 제거하고 2×2㎜ 크기로 자른다.

조리하기

1 콩소메에 세리와인과 코냑, 소금, 후추로 간을 한다.

접시에 담기

적당한 수프볼에 관자, 홍합, 토마토, 전복, 아스파라거스, 올리브, 아티초크를 층층이 깔고, 콩소메를 부어 냉장고에서 식힌 후 오레가노를 띄워 장식한다.

TIP

* 콩소메수프는 p.141의 '소고기 콩소메수프'를 참고하면 된다.

Potato soup

감자수프

Potato Soup

가니시 / 장식

파슬리찹Parsley Chop 1g
감자Potato 3g
휘핑크림Whipping Cream 5㎖

Ingredients

감자Potato 100g
양파Onion 20g
대파Leek 5g
버터Butter 30g
닭육수Chicken Stock 400㎖
생크림Fresh Cream 50㎖
쌀Rice 20g
백포도주White Wine 50㎖
소금Salt 약간
후추Pepper 약간

Method of cooking

재료 준비하기

1 감자는 깨끗이 씻어 껍질을 벗긴 후에 얇게 채를 썰어놓는다.
2 양파, 대파를 깨끗이 씻어 껍질을 제거하고 얇게 썰어놓는다.
3 쌀을 씻어 물에 불린다.
4 장식용 감자는 작은 주사위 모양으로 썰고, 끓는 물에 데쳐 팬에 볶아서 파슬리찹에 묻혀 놓는다.

조리하기

1 냄비에 버터를 두르고 양파와 대파를 넣어서 볶다가 감자와 쌀을 넣고 충분히 볶은 후, 육수를 붓고 중불에서 끓이다가 내릴 무렵 생크림을 넣고 끓인다.
2 완전히 끓인 후 믹서에 곱게 갈아 고운체에 내려, 다시 냄비에 담아 소금, 후추로 간을 하고 버터를 조금 넣어 살짝 끓인다.

접시에 담기

적당한 볼에 수프를 담고 중앙에 휘핑크림을 살짝 올린 다음, 파슬리찹에 묻힌 감자로 장식한다.

TIP

* 햇감자가 나오는 철에 메뉴로 넣으면 좋다.

French Style Onion Soup in the Snail

달팽이를 넣어 만든 정통 프랑스식 양파수프

French Style Onion Soup in the Snail

가니시 / 장식
바질Basil 2잎

Ingredients

양파Onion 80g
콩소메Consomé 180㎖
달팽이Snail 20g
마늘Garlic 5g
모차렐라치즈Mozzarella Cheese 30g
프렌치브레드French Bread 2쪽
적포도주Red Wine 50㎖
올리브오일Olive Oil 20㎖
소금Salt 약간
후추Pepper 약간

Method of cooking

재료 준비하기

1 프렌치브레드를 5㎜ 두께로 썰어놓는다.
2 달팽이를 잘게 썰어놓는다.
3 바질을 썰어놓는다.
4 양파를 곱게 채를 썰고, 마늘은 다져놓는다.

조리하기

1 프렌치브레드를 오븐이나 살라망드에서 노릇하게 구운다.(멜바토스트)
2 달궈진 팬에 오일을 두르고 마늘을 넣어 달팽이를 볶다가 와인을 넣고 졸인다.
3 냄비에 오일을 두르고 양파를 볶으면서 적포도주를 넣고 갈색이 나도록 볶다가, 콩소메를 넣고 끓인 후 달팽이를 넣고 살짝 끓인다.

접시에 담기

수프볼에 조리하여 완성된 3번 수프를 담고, 바질을 첨가하고 멜바토스트를 얹은 다음 치즈로 덮고 살라망드에서 색을 낸다.

TIP

* 양파는 얇고 일정하게 썰어야 볶을 때 타지 않고, 색이 일정하게 나면서 씹히는 식감도 좋다.
* 볶을 때 태우지 않게 불조절을 잘해야 된다.

Carrot Soup

당근수프

Carrot Soup

가니시 / 장식
당근슬라이스Carrot Slice 2g
오레가노Oregano 1g

Ingredients

당근Carrot 100g
대파Leek 10g
양파Onion 10g
다진마늘Chopped Garlic 5g
쌀Rice 20g
닭육수Chicken Stock 400㎖
버터Butter 30g
생크림Fresh Cream 50㎖
백포도주White Wine 30㎖
파슬리Parsley 1g
소금Salt 약간
후추Pepper 약간

Method of cooking

재료 준비하기

1 당근을 깨끗이 씻어 껍질을 제거하여 1㎜ 두께의 얇기로 썰고, 파슬리는 곱게 다진다.
2 대파와 양파를 깨끗이 씻어 껍질을 제거하고, 1㎜ 두께의 얇기로 썰어놓는다.
3 쌀을 씻어 물에 불린다.

조리하기

1 냄비에 버터를 두르고 다진마늘, 양파, 대파, 당근을 넣고 볶다가 백포도주를 넣고 졸인다. 다시 쌀을 넣고 볶다가 닭육수를 붓고 40분 정도를 은근히 끓이다가 내릴 무렵 생크림을 넣고 끓인다.
2 내용물이 완전히 익어지면 믹서에 갈아 고운체에서 거른다. 다시 냄비에서 버터를 조금 넣어 소금, 후추로 간을 하고 살짝 끓인다.

접시에 담기

적당한 수프볼에 담고 위에 당근슬라이스를 모양내어 올려주고 오레가노와 파슬리로 장식한다.

TIP

* 크림수프는 부드러움이 중요하다.
* 당근이 완전히 물그러지게 익혀야 한다.

Garlic cream soup

마늘 크림수프

Garlic Cream Soup

가니시 / 장식

마늘 슬라이스튀김Fried Garlic Slice 2조각
휘핑크림Whipping Cream 5㎖
타라곤Tarragon 1잎

Ingredients

마늘Garlic 80g
고구마Sweet Potato 50g
양파Onion 30g
닭육수Chicken Stock 400㎖
버터Butter 30g
백포도주White Wine 20㎖
쌀Rice 30g
생크림Fresh Cream 70㎖
월계수잎Bay Leaf 1잎
소금Salt 약간
후추Pepper 약간

Method of cooking

조리하기

1 통마늘을 무르도록 푹 삶는다.
2 냄비에 버터를 두르고 양파, 쌀, 고구마를 넣고 볶다가 푹 삶아둔 마늘과 와인을 넣어 졸인다. 그리고 닭육수를 붓고 월계수잎을 넣은 후 중불에서 40분 정도를 끓인 다음 월계수잎만 건진다.
3 믹서에 2번을 넣고 곱게 간 다음, 냄비에 붓고 끓이다가 생크림을 넣고 살짝 끓인다. 그리고 불에서 내려 소금, 후추로 간을 한 후 버터를 첨가하여 저어준 후 고운체에서 내린다.

접시에 담기

적당한 수프볼에 담고 휘핑크림을 적당량 올려준 뒤, 마늘 슬라이스튀김과 타라곤으로 장식한다.

Thick Creamy Lobster Soup

바닷가재 비스큐수프

Thick Creamy Lobster Soup

가니시 / 장식

바닷가재살Lobster 5g
휘핑크림Whipping Cream 5㎖
차이브Chive 1줄기

Ingredients

바닷가재 머리Lobster Head 200g
당근Carrot 30g
양파Onion 30g
셀러리Celery 20g
마늘Garlic 5g
토마토페이스트Tomato Paste 100g
토마토Tomato 50g
닭육수Chicken Stock 250㎖
생선육수Fish Stock 250㎖
백포도주White Wine 80㎖
코냑Cognac 10㎖
생크림Fresh Cream 50㎖
쌀Rice 30g
통후추Whole Pepper 5알
월계수잎Bay Leaf 2잎
버터Butter 30g
레몬즙Lemon Juice 10㎖
소금Salt 약간
후추Pepper 약간

Method of cooking

재료 준비하기

1 쌀은 깨끗이 씻어 물에 불려두고 바닷가재 머리를 잘라놓는다.
2 당근, 양파, 셀러리는 2×2㎝ 크기와 3㎜ 두께로 썰어놓는다.
3 토마토를 두툼하게 채를 썰고, 마늘은 다져놓는다.
4 셀러리줄기에 통후추, 월계수잎을 넣고 실로 감아 부케가르니를 만든다.
5 장식용 바닷가재살은 살짝 데친 후 얇게 슬라이스하고, 차이브는 곱게 다진다.

조리하기

1 냄비에 버터를 두르고 다진마늘, 양파, 당근, 셀러리를 넣고 볶다가, 바닷가재 머리를 넣고 으깨면서 볶아준 다음, 코냑으로 플랑베를 하고 백포도주를 넣어 졸인다.
2 2번에 토마토페이스트를 넣고 볶은 다음 쌀과 토마토를 넣어 볶고, 생선육수와 닭육수, 부케가르니를 넣고 중불에서 40분 정도를 끓인다.
3 고운체에서 걸러 냄비에 다시 담고 생크림을 넣고 살짝 끓이다가 소금, 후추로 간을 한다. 그리고 버터를 넣어 녹인 후 레몬즙을 살짝 넣는다.

접시에 담기

적당한 수프볼에 담고 휘핑크림과 바닷가재살, 차이브찹으로 장식한다.

TIP

* 붉은색의 거품을 걷어내지 말아야 한다.

Chestnut Cream Soup

밤으로 만든 크림수프

Chestnut Cream Soup

가니시 / 장식
밤Chestnut 5g
휘핑크림Whipping Cream 5㎖

Ingredients

밤Chestnut 100g
양파Onion 10g
대파Leek 10g
감자Potato 30g
닭육수Chicken Stock 400㎖
생크림Fresh Cream 50㎖
버터Butter 20g
소금Salt 약간
후추Pepper 약간

Method of cooking

재료 준비하기

1 껍질 벗긴 밤을 맑은 물에 담가놓는다.
2 밤 ½개는 삶아서 작은 주사위 모양으로 썰어놓는다.
3 양파, 대파, 감자, 밤을 얇게 채를 썰어놓는다.(감자는 갈변방지를 위해 물에 담근다.)

조리하기

1 냄비에 버터를 두르고 양파, 대파를 색이 나지 않게 볶다가, 밤과 감자를 넣고 볶은 후, 닭육수를 붓고 30분 정도 중불에서 끓여낸 다음, 믹서에 곱게 갈아 고운체에서 내려준다.
2 수프에 생크림을 넣고 살짝 끓이면서 소금, 후추로 간을 하고 버터를 조금 넣어 녹인다.

접시에 담기

적당한 수프볼에 담고 살짝 휘핑크림을 중앙에 얹은 뒤, 미리 삶아서 썰어둔 밤을 위에 띄워놓는다.

TIP

* 농도가 너무 진하지 않게 해야 한다.

Mugwort Cream Soup

별미의 쑥 크림수프
Mugwort Cream Soup

가니시 / 장식
애플민트Apple Mint 1잎
휘핑크림Whipping Cream 5㎖

Ingredients

쑥Mugwort 100g
감자Potato 30g
백포도주White Wine 30㎖
닭육수Chicken Stoc k400㎖
양파Onion 20g
마늘Garlic 5g
쌀Rice 20g
생크림Fresh Cream 30㎖
버터Butter 20g
소금Salt 약간
후추Pepper 약간

Method of cooking

재료 준비하기

1 쑥은 깨끗이 손질하여 깨끗이 씻어놓는다.
2 마늘과 양파를 잘게 다지고, 감자는 얇게 썰어 물에 담가놓는다.(갈변방지)
3 쌀은 씻은 후 물에 불려놓는다.

조리하기

1 냄비에 버터를 두르고 양파, 마늘을 볶다가 감자와 쌀을 넣고 색이 나지 않게 볶는다. 그리고 백포도주를 넣고 졸인 다음, 닭육수를 붓고 중불에서 40분 정도 끓인다.
2 감자와 쌀이 완전히 물러진 상태일 때 쑥을 넣고 7~8분 정도 끓인 후, 믹서에 갈아 고운체에서 내린다.
3 2번을 냄비에 담고 생크림을 넣어 소금, 후추로 간을 한 다음, 살짝 끓이다가 버터를 넣고 녹인다.

접시에 담기

적당한 수프볼에 담고, 휘핑크림을 얹은 뒤 애플민트로 장식한다.

TIP

* 쑥을 넣고 오래 끓이게 되면 색이 좋지 않게 되므로, 빠른 시간 내에 끓이는 것이 좋다.
* 양이 많을 경우에는 사용할 만큼만 덜어서 사용하고, 나머지는 얼음물에 빨리 식혀두었다가 다시 사용할 때 끓여 사용하면 변색이 덜 된다.

Pistachio and Avocado Soup

피스타치오와 아보카도수프

Pistachio and Avocado Soup

가니시 / 장식

피스타치오Pistachio 1g
아보카도Avocado 5g
휘핑크림Whipping Cream 5㎖

Ingredients

피스타치오Pistachio 50g
아보카도Avocado 50g
양파Onion 20g
쌀Rice 30g
마늘Garlic 5g
닭육수Chicken Stock 400㎖
생크림Fresh Cream 30㎖
백포도주White Wine 30㎖
올리브오일Olive Oil 20㎖
소금Salt 약간
후추Pepper 약간

Method of cooking

재료 준비하기

1 껍질이 제거된 피스타치오를 물에 불린다.
2 양파, 아보카도를 얇게 채를 썰고, 마늘은 다진다.
3 장식용 피스타치오는 잘게 다져두고, 아보카도는 작은 주사위 모양으로 잘라놓는다.

조리하기

1 냄비에 올리브오일을 두르고 마늘과 양파를 넣고 볶다가 피스타치오, 아보카도, 쌀을 넣고 볶는다. 그리고 백포도주를 넣고 졸인 후 닭육수를 붓고 중불에서 40분 정도를 끓인다.
2 믹서에 곱게 갈아 고운체에서 내려 냄비에 담고, 생크림을 넣어 살짝 끓인 후 소금, 후추로 간을 한다.

접시에 담기

적당한 수프볼에 담고 휘핑크림을 중앙에 얹고, 다진 피스타치오와 주사위 모양의 아보카도로 장식한다.

Asparagus
Cream Soup

아스파라거스 크림수프

Asparagus Cream Soup

가니시 / 장식
아스파라거스Asparagus 5g

Ingredients

아스파라거스Asparagus 100g
양파Onion 30g
감자Potato 50g
대파 흰부분Leek(White) 10g
닭육수Chicken Stock 400㎖
생크림Fresh Cream 30㎖
우유Milk 30㎖
백포도주White Wine 30㎖
버터Butter 20g
월계수잎Bay Leaf 2잎
소금Salt 약간
후추Pepper 약간

Method of cooking

재료 준비하기

1 아스파라거스를 손질하여 2㎝ 길이로 잘라 끓는 물에 데친 후 얼음물에서 식힌다.
2 양파 · 대파는 흰부분을 얇게 썰고, 감자는 껍질을 제거한 후 얇게 썰어 갈변방지를 위해 물에 담가놓는다.
3 장식을 위한 아스파라거스는 삶은 뒤 작은 주사위 모양으로 잘라놓는다.

조리하기

1 냄비에 버터를 두르고 양파, 대파를 볶다가 감자를 넣고 볶으면서 백포도주를 넣고 졸인다. 그리고 닭육수와 우유를 붓고 월계수잎을 넣어 중불에서 30분 정도를 끓인다.
2 1번의 월계수잎은 건져내고 아스파라거스를 넣은 후, 믹서에 곱게 갈아 체에 내려 냄비에 담는다. 그리고 생크림을 넣고 끓이다가 소금, 후추로 간을 하고 버터를 넣고 녹인다.

접시에 담기

수프볼에 담고 작은 주사위 모양으로 썬 삶은 아스파라거스로 장식한다.

TIP

* 아스파라거스의 색상이 변하는 것을 방지하기 위해 나중에 넣고 끓인다.

Mushroom Soup

양송이수프

Mushroom Soup

가니시 / 장식

양송이버섯Mushroom 5g
휘핑크림Whipping Cream 5㎖
차이브Chive 2g

Ingredients

양송이버섯Mushroom 150g
닭육수Chicken Stock 400㎖
생크림Fresh Cream 50㎖
양파Onion 30g
대파 흰부분Leek(White) 10g
다진마늘Chopped Garlic 5g
백포도주White Wine 20㎖
쌀Rice 20g
우유Milk 20㎖
버터Butter 30g
소금Salt 약간
후추Pepper 약간

Method of cooking

재료 준비하기

1 양송이버섯, 양파, 대파를 얇게 채를 썬다.
2 쌀은 씻어 물에 불린다.
3 수프 위에 띄울 양송이버섯은 모양 있게 슬라이스하여 썰고, 차이브는 곱게 다진다.

조리하기

1 냄비에 버터를 두르고 마늘과 양파, 대파를 볶다가, 양송이를 넣고 볶으면서 백포도주로 졸인 후 쌀을 넣고 볶는다. 그리고 육수와 우유를 넣고 중불에서 40분 정도 끓인다.
2 믹서에 곱게 갈아 고운체에서 내려 냄비에 담고, 생크림을 넣고 살짝 끓인 후 소금, 후추로 간을 하고 버터를 넣어 녹여준다.

접시에 담기

적당한 수프볼에 담아 중앙에 휘핑크림을 얹고, 얇게 썬 양송이와 차이브찹을 띄워준다.

Milanaise Style Vegetable Soup

미라네이즈풍의 야채수프

Milanaise Style Vegetable Soup

가니시 / 장식
바질Basil 1잎

Ingredients

양파Onion 20g
당근Carrot 20g
셀러리Celery 20g
양배추Cabbage 20g
감자Potato 20g
토마토Tomato 30g
대파 흰부분Leek(White) 10g
토마토페이스트Tomato Paste 30g
베이컨Bacon 10g
무White Radish 20g
부케가르니Bouquet Garni 1개
마늘Garlic 5g
닭육수Chicken Stock 400㎖
백포도주White Wine 30㎖
버터Butter 20g
통후추Whole Pepper 5알
월계수잎Bay Leaf 1잎
소금Salt 약간
후추Pepper 약간

Method of cooking

재료 준비하기

1 깨끗이 씻은 마늘, 대파 흰부분, 양파, 셀러리, 당근, 양배추, 무는 2×2㎝ 크기로, 두께는 2㎜로 썬다.
2 토마토는 껍질을 벗겨 씨를 제거한 후, 2×2㎝ 크기로 썬다.
3 감자는 깨끗이 씻어 껍질을 제거하고, 2×2㎝ 크기에 두께는 3㎜로 썬다.
4 베이컨도 2×2㎝ 크기로 썰고, 바질은 채를 썬다.
5 셀러리에 통후추와 월계수잎을 넣고 실로 감아 부케가르니를 만든다.

조리하기

1 달궈진 냄비에 버터를 두르고 마늘을 볶다가 양파, 대파, 베이컨을 넣고 볶은 후 당근, 무, 셀러리 순으로 볶는다. 백포도주를 넣고 졸인 후 토마토페이스트를 넣어 볶다가 닭육수를 넣고 부케가르니를 넣어 끓이면서 떠오르는 거품과 기름을 걷어낸다.
2 어느 정도 끓으면 감자와 양배추, 토마토를 넣은 후 끓인 다음 소금, 후추로 간을 하고 부케가르니를 건져낸다.

접시에 담기

적당한 수프볼에 담고 바질을 올려준다.

Curry Flavored
Chicken Cream Soup

카레향이 가미된 치킨 크림수프

Curry Flavoured Chicken Cream Soup

가니시 / 장식
차이브Chive 1g

Ingredients

닭가슴살Chicken Breast 100g
양파Onion 30g
마늘Garlic 5g
닭육수Chicken Stock 400㎖
백포도주White Wine 30㎖
생크림Fresh Cream 50㎖

밀가루Flour 5g
카레파우더Curry Powder 1g
버터Butter 20g
소금Salt 약간
후추Pepper 약간

Method of cooking

재료 준비하기

1 닭가슴살을 손질하여 얇게 잘라놓는다.
2 양파는 얇게 채를 썰어두고, 마늘과 차이브는 각각 곱게 다진다.

조리하기

1 냄비에 버터를 두르고 마늘과 양파를 볶다가 닭가슴살과 카레파우더, 밀가루를 첨가하여 볶는다. 그리고 백포도주를 넣고 졸인 후 닭육수를 붓고 중불에서 40분 정도를 끓인다.
2 믹서에 1번을 곱게 갈아 고운체에서 내려 냄비에 붓고 생크림을 넣어 살짝 끓인 다음, 소금, 후추로 간을 하고 버터를 녹인다.

접시에 담기

적당한 수프그릇에 담고, 다진 차이브로 장식한다.

Kale cream soup

케일 크림수프

Kale Cream Soup

가니시 / 장식
케일Kale 1g
휘핑크림Whipping Cream 5㎖

Ingredients

케일Kale 100g
감자Potato 50g
우유Milk 50㎖
생크림Fresh Cream 30㎖
닭육수Chicken Stock 400㎖

양파Onion 20g
대파Leek 10g
버터Butter 20g
소금Salt 약간
후추Pepper 약간

Method of cooking

재료 준비하기

1 케일의 줄기를 제거하고 깨끗이 씻어 끓는 물에 소금을 첨가하여 살짝 데친 후 얼음물에서 식힌 다음, 수분을 제거하고 썬다.
2 감자는 깨끗이 씻어 껍질을 제거하고 얇게 썬다.
3 장식용 케일은 작은 주사위 모양으로 자른다.

조리하기

1 냄비에 버터를 두르고 대파, 양파를 넣고 볶은 후 감자를 넣고 볶다가 닭육수를 붓고 중불에서 30분 정도를 끓인 다음, 케일을 넣고 5분 정도 끓인다.
2 믹서에 곱게 갈아서 체에 걸러, 냄비에 담고 끓이면서 우유, 생크림을 첨가하고 소금, 후추로 간을 한 다음, 버터를 넣어 녹인다.

접시에 담기

적당한 수프 그릇에 담고, 휘핑크림과 썰어둔 케일로 장식한다.

TIP

* 케일의 녹색이 변하지 않기 위해 나중에 넣어주고, 오래 끓이지 않는다.

Beef Consomme Soup

소고기 콩소메수프

Beef Consomme Soup(4L 기준)

가니시 / 장식
식용꽃Edible Flower 1개

Ingredients

달걀흰자Egg White 4개
소고기 갈은 것Ground Beef 1kg
양파Onion 250g
당근Carrot 100g
셀러리Celery 100g
토마토Tomato 340g
브라운스톡Brown Beef Stock 5L
양파피켓Onion Brûlée 2개

월계수잎Bay Leaf 2잎
말린 타임Dried Thyme 2g
통후추 으깬 것Pepper Corn Crushed 2g
파슬리줄기Parsley Stems 8개
클로브Whole Cloves 2개
올리브오일Olive Oil 10㎖
소금Salt 약간

Method of cooking

재료 준비하기

1 스톡포트와 스테인리스 볼, 거품기를 작업 순서에 따라서 배열하고, 스토브를 점화하여 예열시킨다.
2 셀러리와 당근, 양파, 토마토를 잘게 다져 한쪽에 놓는다.

조리하기

1 스테인리스 볼에 달걀흰자를 분리하여 넣고 거품기로 부피가 최대로 될 때까지 저어 거품을 충분히 내준다. 그리고 야채 다진 것과 소고기 갈은 것, 모든 향신료를 넣어 골고루 섞는다.
2 골고루 섞은 재료를 스톡포트에 담고 스토브에 올린다. 그리고 브라운스톡을 부은 뒤 스톡과 재료를 골고루 섞은 다음 중불로 은근하게 끓인다.
3 달궈진 팬에 올리브오일을 두르고 양파를 갈색이 나도록 구워서 콩소메 끓이는 스톡포트에 첨가한다.
4 재료가 덩어리가 지고 끓기 시작하면, 중앙에 구멍을 내주어 수프순환이 잘되도록 도와준다. 그리고 표면에 떠오르는 거품을 스키머로 제거하면서 1시간 정도를 은근하게 끓인다.
5 스톡포트에 원뿔채와 소창을 걸치고 콩소메를 걸러낸 뒤, 소금과 같은 흰후추로 간을 한다.

접시에 담기

적당한 수프볼에 담고 식용꽃을 띄운다.

TIP

* 완성된 수프는 맑고 투명한 갈색이 나야한다.
* 차가운 스톡을 사용하여야 한다.
* 은은하고 깊은 소고기향이 스며있어야 한다.

INTERNATIONAL Western Cooking

샐러드

Avocado Salade de Vinaigrette

Champignon Salade de French Dressing

Pineapple and Cabbage Salad

Vegetable Sauce with Assort Spring Salad

Kimchi and Crab Salad

Western and Oriental Shepherd's Purse Salad with Perilla Sauce

Cream Cheese with Vegetable Salad and French Dressing

Oilve, Beef Muscle, Squid Stake and Artichoke Salad

Olive Oil and Basil Flavoured Italia Vegetable Dishes

Ham and Cheese Stuffed Tomato

Tuna Salad with Grapes

Red Wine Vinegar and Red Wine with Pickled Vegetable

Avocado Salade de Vinaigrette

비네그레트 드레싱을 곁들인 아보카도 샐러드

Avocado Salade de Vinaigrette

Ingredients

아보카도Avocado 30g
토마토Tomato 20g
양상추Cabbage 5g
비트잎Beet Leaf 5g
로메인레터스Romaine Lettuce 5g
라디치오Radicchio 5g
양파Onion 5g
당근Carrot 5g
비트Beet 5g
올리브오일Olive Oil 20㎖
백포도주White Wine 10㎖
발사믹식초Balsamic Vinegar 10㎖
레몬즙Lemon Juice 5㎖
바질Basil 1잎
소금Salt 약간
후추Pepper 약간

Method of cooking

재료 준비하기

1 양상추, 비트잎, 로메인레터스, 라디치오를 흐르는 물에 깨끗이 씻어 먹기 좋은 크기로 자른다.
2 아보카도를 절반으로 잘라 씨와 껍질을 제거한 후, 작은 주사위 모양으로 썬다.
3 토마토를 씨와 껍질을 제거한 다음, 주사위 모양으로 썬다.
4 양파를 곱게 다져 흐르는 물에 씻어 물기를 제거한다.
5 당근과 비트를 주사위 모양으로 썰어 끓는 물에 익힌다.

조리하기

1 적당한 볼에 발사믹식초, 레몬즙, 백포도주, 소금, 후추를 넣고 혼합하여 녹이다가, 올리브오일을 넣고 혼합한다.
2 다른 볼에 아보카도, 토마토, 당근, 비트, 다진양파를 넣고 소금, 후추로 간을 한 후, 1번 소스를 넣으면서 혼합한다.

접시에 담기

적당한 샐러드 볼에 채소를 펼쳐 담고 완성된 조리하기 2번을 소담하게 담아 소스를 채소에 뿌려준다.

TIP

* 아보카도는 너무 많이 익어 물러져도 샐러드가 지저분해지기 때문에, 적당히 잘 익은 것으로 사용해야 한다.

Champignon Salade de French Dressing

양송이버섯 샐러드와 프렌치드레싱

Champignon Salade de French Dressing

가니시 / 장식
대추방울토마토Cherry Tomato 1개

Ingredients

양송이버섯Mushroom 20g
양상추Lettuce 10g
청파프리카Green Paprika 10g
홍파프리카Red Paprika 10g
당근Carrot 10g
양파Onion 20g
소고기Beef 100g

마요네즈Mayonnaise 30g
레몬즙Lemon Juice 3㎖
올리브오일Olive Oil 20㎖
백포도주White Wine 30㎖
마늘Garlic 5g
소금Salt 약간
후추Pepper 약간

Method of cooking

재료 준비하기

1 양송이버섯을 2㎜ 두께로 채를 썬다.
2 홍 · 청파프리카를 길이 5㎝, 넓이 5㎜로 썬다.
3 당근과 소고기를 길이 5㎝, 넓이 5㎜, 두께 3㎜로 썬다.
4 마늘과 양파는 믹서에 곱게 갈아 체에 내려놓는다.(즙 사용)
5 대추방울토마토는 반을 잘라놓는다.

조리하기

1 달궈진 팬에 오일을 두르고 다진마늘을 넣고 볶다가 소고기를 넣고 볶는다. 그리고 백포도주를 넣고 졸인 후, 소금과 후추로 간을 한다.
2 적당한 볼 용기에 마요네즈를 넣고 갈은마늘, 양파즙을 넣으면서 휘지어 소스를 민든다.
3 백포도주와 레몬즙을 넣고 소금과 후추로 간을 한다.

접시에 담기

적당한 볼 접시에 양상추를 소복하게 담고, 양송이버섯을 넣은 후 소고기, 파프리카, 당근을 가지런히 모양 있게 세워 놓은 뒤 프렌치드레싱을 뿌려준다. 잘라둔 대추방울토마토로 장식한다.

Pineapple and Cabbage Salad

파인애플과 양배추샐러드

Pineapple and Cabbage Salad

가니시 / 장식

달걀Egg 1개
무순Radish Sprouts 1g

Ingredients

파인애플Pineapple 10g
자몽Grapefruit 10g
오렌지Orange 10g
양배추Cabbage 10g
오이Cucumber 10g
청파프리카Green Paprika 5g
홍파프리카Red Paprika 5g
햄Ham 10g

오렌지껍질Orange Peel 5g
마요네즈Mayonnaise 50g
생크림Fresh Cream 10mℓ
백포도주White Wine 5mℓ
설탕Sugar 10g
소금Salt 약간
후추Pepper 약간

Method of cooking

재료 준비하기

1 파인애플, 자몽, 오렌지껍질을 제거하고 1.5×1.5㎝ 크기로 자른다.
2 오이껍질과 씨를 제거하고 1.5×1.5㎝ 크기로 자른다.
3 양배추를 1.5×1.5㎝ 크기로 자르고, 청 · 홍파프리카와 햄도 같은 크기로 자른다.
4 오렌지껍질을 강판에 곱게 갈아놓는다.
5 달걀은 삶아 흰자와 노른자를 분리하여 두고, 노른자는 곱게 체에서 내린다.

조리하기

1 적당한 볼 용기에 오렌지껍질, 마요네즈, 생크림, 설탕, 백포도주, 소금, 후추를 넣고 혼합한다.
2 적당한 그릇에 파인애플, 자몽, 오렌지, 오이, 양배추, 청·홍파프리카, 햄을 넣고 혼합한 다음, 1번 소스로 버무린다.

접시에 담기

적당한 볼에 소담하게 담고, 체에 내려둔 달걀노른자를 뿌려 장식하고, 무순을 올린다.

Vegetable Sauce with Assort Spring Salad

봄과 어울리는 샐러드와 야채소스

Vegetable Sauce with Assort Spring Salad

가니시 / 장식

방울토마토Cherry Tomato 1개
식용꽃Edible Flower 1개

Ingredients

봄동Bomdong 5g
냉이Shepherd's Purse 5g
돌나물Sedum 5g
하루나(유채)Rape 5g
돌미나리Wild Parsley 5g
양상추Lettuce 5g
다진마늘Chopped Garlic 2g
당근Carrot 20g
양파Onion 30g
홍파프리카Red Paprika 10g
청파프리카Green Paprika 10g
토마토케첩Tomato Ketchup 30g
식초Vinegar 20g
닭육수Chicken Stock 150mℓ
올리브오일Olive Oil 20mℓ
백포도주White Wine 30mℓ
레몬Lemon 10g
소금Salt 약간
후추Pepper 약간

Method of cooking

재료 준비하기

1 봄동, 냉이, 돌나물, 하루나, 돌미나리, 양상추를 손질하여 깨끗하게 씻고 물기를 제거하여 혼합한다.
2 약간의 홍파프리카와 당근은 아주 가늘게 채를 썰어 물에 담가놓는다.
3 소스를 만들 재료인 당근, 양파, 청·홍파프리카는 얇게 채를 썬다.
4 장식을 위한 방울토마토는 반으로 잘라놓는다.

조리하기

1 냄비에 오일을 넉넉히 두르고 다진마늘, 양파, 당근, 청·홍파프리카를 충분히 볶다가 백포도주를 넣고 졸인다. 그리고 토마토케첩을 넣고 볶다가 육수를 붓고 중불에서 40~50분 정도를 끓인 후 살짝 식힌다.
2 식힌 1번을 믹서에 곱게 갈아 고운체에서 내려 농도를 맞추고 소금, 후추로 간을 한다.

접시에 담기

양상추를 접시에 모양 있게 놓고, 혼합해 둔 봄나물을 소담하게 담은 후 방울토마토를 놓는다. 위에 홍파프리카와 당근을 채 썰어둔 것을 보기 좋게 올려주고 식용꽃으로 장식한 후, 채소소스를 곁들인다.

TIP

* 새순을 이용해야 모양과 색이 곱고 맛이 부드러우며 향긋하고 깔끔하다.

Kimchi and Crab Salad

김치 게맛살 샐러드

Kimchi and Crab Salad

가니시 / 장식

달걀Egg 1개
바질Basil 1잎

Ingredients

신김치Kimchi 50g
오이Cucumber 15g
당근Carrot 15g
게맛살Crab Stick 20g
마요네즈Mayonnaise 30g
소금Salt 약간
후추Pepper 약간

Method of cooking

재료 준비하기

1 신김치를 물에 씻어 물기를 완전히 제거하고 5㎜×2.5㎝ 정도의 크기로 썬다.
2 오이, 당근, 게맛살을 김치와 같은 크기로 썬다.
3 바질은 가늘게 채를 썬다.
4 달걀은 삶아 노른자와 흰자를 분리해서 고운체에서 내린다.

조리하기

1 적당한 볼 그릇에 재료 준비하기 1번과 2번의 재료를 담고 소금, 후추로 간을 하여 혼합한다. 그리고 마요네즈를 넣고 잘 버무린다.

접시에 담기

접시에 모양 있게 담은 뒤, 달걀노른자와 흰자를 뿌려주고 바질로 장식한다.

TIP

* 먹다 남은 신김치가 아이들이 좋아하는 상큼한 샐러드가 될 수도 있다.
* 냉장고 안에 쓰다가 남아있는 야채들을 이용해도 된다.
* 신맛이 나는 김치를 사용해야 한다.

Western and Oriental Shepherd's Purse Salad with Perilla Sauce

동서양 냉이샐러드와 들깨소스

Western and Oriental Shepherd's Purse Salad with Perilla Sauce

Ingredients

냉이(동양냉이)Shepherd's Purse 20g
크레송(서양냉이)Cresson 30g
비트Beet 5g
양송이버섯Mushroom 5g
양상추Lettuce 10g
양파Onion 30g

볶은 들깨가루Roasted Perilla Powder 20g
생크림Fresh Cream 10g
백포도식초White Wine Vinegar 10㎖
마요네즈Mayonnaise 10g
소금Salt 약간
후추Pepper 약간

Method of cooking

재료 준비하기

1 동양냉이는 뿌리와 함께 깨끗이 손질하여 씻어 물기를 제거하고, 서양냉이는 잎줄기를 손질하여 깨끗이 씻어 물기를 제거한 뒤, 서로 혼합한다.
2 비트와 양송이버섯은 가늘게 채를 썰어 준비한다.
3 양파는 절반은 얇게 채를 썰어 준비하고, 나머지 절반은 곱게 다져 흐르는 물에 씻어 물기를 제거한다.

조리하기

1 적당한 볼에 볶은 들깨가루, 마요네즈, 생크림, 다진양파, 포도식초를 넣고 혼합한 후 소금, 후추로 간을 해서 들깨소스를 만든다.

접시에 담기

접시에 양상추 속잎을 놓고 냉이를 얹은 뒤 위에 얇게 썬 양파를 올린 후, 양송이와 비트를 올려주고 들깨소스를 곁들인다.

TIP

* 특히 동양냉이는 손질을 깨끗이 해야하며, 뿌리를 사용할때는 뿌리의 잔털을 칼로 제거해주어야한다.
* 지금까지는 냉이를 국이나 삶아서 먹었지만, 신선한 것을 먹으면 한결 더 독특한 냉이의 향을 즐길 수 있다.

Cream Cheese with Vegetable Salad and French Dressing

크림치즈를 곁들인 야채샐러드와 프렌치드레싱

Cream Cheese with Vegetable Salad and French Dressing

Ingredients

크림치즈Cream Cheese 20g
크레송(서양냉이)Cresson 10g
그린비타민Green Vitamin 5g
그린치커리Green Chicory 5g
레드치커리Red Chicory 5g
청파프리카Green Paprika 5g
홍파프리카Red Paprika 5g
양상추Lettuce 10g
마요네즈Mayonnaise 30g
양파Onion 10g
백포도주White Wine 10㎖
마늘Garlic 5g
소금Salt 약간
후추Pepper 약간

Method of cooking

재료 준비하기

1 크림치즈를 작은 스푼으로 모양을 낸다.(췌넬 모양)
2 서양냉이, 그린비타민, 그린치커리, 레드치커리를 깨끗이 씻어 먹기 좋은 크기로 자른다.
3 청·홍파프리카는 5㎜×5㎝ 크기로 길게 자른다.
4 양파와 마늘은 곱게 갈아놓는다.

조리하기

1 적당한 볼 용기에 마요네즈를 넣고 갈은마늘과 양파즙을 넣으면서 휘젓는다. 그리고 백포도주를 넣어 소금, 후추로 간을 하여 프렌치드레싱을 만든다.
2 씻어놓은 채소를 물기를 빼낸 후, 잘 혼합한다.

접시에 담기

당한 그릇에 혼합한 채소를 중앙에 소담하게 담고, 파프리카를 가지런히 세운다. 그리고 크림치즈를 주변에 모양 있게 놓아준 후, 프렌치드레싱을 곁들인다.

Oilve, Beef Muscle, Squid Stake and Artichoke Salad

올리브, 쇠힘살, 오징어스테이크와 아티초크 샐러드

Oilve, Beef Muscle, Squid Stake and Artichoke Salad

가니시 / 장식
차이브Chive 2줄기
레몬Lemon ½개

Ingredients

오징어Squid 10g
알스지Flexor Tender 10g
블랙올리브Black Olive 15g
그린올리브Green Olive 15g
아티초크Artichoke 10g
홍파프리카Red Paprika 5g
양파Onion 20g
마늘Garlic 3g
이탈리안 드레싱Italian Dressing 50㎖
올리브오일Olive Oil 30㎖
레몬즙Lemon Juice 10㎖
백포도주White Wine 40㎖
바질Basil 1잎
통후추Whole Pepper 5알
월계수잎Bay Leaf 1잎
당근Carrot 10g
셀러리Celery 5g
소금Salt 약간
후추Pepper 약간

Method of cooking

재료 준비하기

1 오징어는 껍질을 제거하여 칼집을 곱게 넣고 얇게 채를 썬다.
2 올리브는 2등분으로 썬다.
3 아티초크는 채를 썰어 준비한다.
4 바질과 홍파프리카는 굵게 다지고, 양파와 마늘은 곱게 다진다.
5 장식용 레몬은 반달 모양으로 얇게 슬라이스한다.

조리하기

1 적당한 용기에 이탈리안 드레싱을 담고, 바질과 홍파프리카, 다진양파와 마늘, 올리브오일, 백포도주, 레몬 즙을 혼합하여 둔다.
2 냄비에 물을 담고 양파, 셀러리, 당근, 소금, 레몬즙, 백포도주, 통후추를 넣어 끓여주다가 오징어를 넣고 살짝 데쳐 식힌다.
3 알스지를 삶아 식기 전에 랩으로 둥글게 말아 냉장고에서 식힌 다음, 얇게 썬다.
4 적당한 용기에 오징어, 알스지, 올리브, 아티초크를 넣어 혼합하고 1번 소스로 버무린다.

접시에 담기

접시에 레몬 슬라이스를 모양 있게 돌려서 놓고, 가운데에 혼합한 샐러드를 모양 있게 담아 차이브로 장식한다.

TIP

* 알스지는 충분히 삶아 부드럽게 해야 한다.

Olive Oil and Basil Flavoured Italia Vegetable Dishes

올리브오일과 바질맛을 낸 이탈리안풍의 야채요리

Olive Oil and Basil Flavoured Italia Vegetable Dishes

가니시 / 장식
바질Basil 1잎
타임Thyme 1줄기
로즈마리Rosemary 1줄기

Ingredients

가지Eggplant 10g
애호박Squash 10g
홍파프리카Red Paprika 10g
청파프리카Green Paprika 10g
노란 파프리카Yellow Paprika 10g
양파Onion 10g
마늘Garlic 7g
대파Leek 5g

올리브오일Olive Oil 30㎖
백포도주White Wine 20㎖
바질Basil 3잎
타임Thyme 1줄기
로즈마리Rosemary 1줄기
소금Salt 약간
후추Pepper 약간

Method of cooking

재료 준비하기

1 애호박은 씨를 제거한 후 가지, 양파와 함께 2×2㎝로 자른다.
2 청·홍·노란 파프리카는 2×2㎝로 자른다.
3 바질은 채를 썰고, 마늘 일부는 으깨어 놓으며, 일부는 곱게 다진다.
4 대파와 타임, 로즈마리는 큼직하게 자른다.

조리하기

1 팬에 올리브오일을 넣고 마늘을 튀겨 향이 배이게 한 후, 애호박과 가지, 양파를 센불에서 볶아 소금, 후추로 간을 한다.
2 올리브오일에 청·홍·노란 파프리카와 으깬마늘, 대파, 타임, 로즈마리를 넣고 아주 약한 불에서 1시간 정도 익힌 후, 약한 온도의 오븐에서 말린다.(콩피)
3 적당한 볼 그릇에 볶아진 1번 채소와 2번 파프리카(콩피), 다진마늘, 바질을 넣고 혼합하여 올리브오일을 넣고 소금과 후추로 간을 한다.

접시에 담기

적당한 볼 그릇에 소담하게 담고 바질, 타임, 로즈마리로 장식한다.

TIP

* 채소는 너무 물러지면 안 되기 때문에, 센불에서 빠르게 익혀야 한다.

Ham and Cheese Stuffed Tomato

토마토 안에 치즈, 햄요리

Ham and Cheese Stuffed Tomato

가니시 / 장식
바질Basil 1잎

Ingredients

토마토Tomato 100g
모차렐라치즈Mozzarella Cheese 15g
햄Ham 15g
양파Onion 10g
셀러리Celery 5g
생크림Fresh Cream 10㎖
발사믹소스Balsamic Sauce 10㎖
양상추Lettuce 10g
바질Basil 1잎
소금Salt 약간
후추Pepper 약간

Method of cooking

재료 준비하기

1 작은 토마토 윗부분을 잘라내고 속을 파낸 다음, 수분을 제거한다.
2 햄, 모차렐라치즈, 양파는 7×7㎜ 정도로 썰어두고, 셀러리는 껍질을 벗긴 후 얇게 채를 썬다.
3 양상추를 깨끗이 씻어 먹기 좋게 잘라놓고, 바질은 채를 썬다.

조리하기

1 햄, 치즈, 양파, 셀러리, 바질과 생크림을 혼합하여 소금, 후추로 간을 한다. 그리고 속을 파낸 토마토 속에 채우고 오븐에서 익힌다.

접시에 담기

접시에 토마토와 양상추를 모양 있게 놓아, 발사믹소스를 뿌려주고 바질로 장식한다.

Tuna Salad with Grapes

포도로 만든 참치샐러드

Tuna Salad with Grapes

가니시 / 장식
식용꽃Edible Flower 1개

Ingredients

깐포도Peeling Grape 30g
참치Tuna 50g
양파Onion 10g
올리브오일Olive Oil 10㎖
적포도식초Red Wine Vinegar 5㎖
셀러리Celery 5g
타바스코소스Tabasco Sauce 2㎖
발사믹소스Balsamic Sauce 20㎖
처빌Chervil 1줄기
바질Basil 1잎
소금Salt 약간
후추Pepper 약간

Method of cooking

재료 준비하기

1 참치와 깐포도, 처빌, 바질을 굵게 다진다.
2 양파, 셀러리는 곱게 다져 뜨거운 물에 데쳐 수분을 제거한다.

조리하기

1 적당한 용기에 준비해 둔 참치, 깐포도, 처빌, 바질, 양파, 셀러리를 담아 혼합한다. 그리고 타바스코소스, 와인 식초, 소금, 후추로 간을 하고 올리브오일을 넣어 혼합한다.

접시에 담기

접시 중앙에 원형 틀을 놓고 혼합해 둔 조리하기 1번을 채워준다. 그리고 원형 틀을 뺀 후 발사믹소스를 뿌려주고 식용꽃으로 장식한다.

Red Wine Vinegar and Red Wine with Pickled Vegetable

포도식초와 적포도주로 절인 야채요리

Red Wine Vinegar and Red Wine with Pickled Vegetable

가니시 / 장식

휀넬(줄기부분)Fennel 1줄기

Ingredients

양파Onion 20g
휀넬Fennel 20g
아티초크Artichoke 20g
적양배추Red Cabbage 20g
양상추Lettuce 10g
로메인레터스Romaine Lettuce 10g

적포도식초Red Wine Vinegar 200㎖
적포도주Red Wine 300㎖
황설탕Brown Sugar 70g
소금Salt 약간
후추Pepper 약간

Method of cooking

재료 준비하기

1 양파, 휀넬, 아티초크, 적양배추를 2×2㎝ 크기, 3㎜ 두께로 썬다.

2 양상추와 로메인레터스는 깨끗이 씻어 먹기 좋은 크기로 자른다.

조리하기

1 적포도주를 ⅓ 정도로 졸인 후, 황설탕과 포도식초를 함께 넣고 끓인다.

2 적당한 볼 용기에 양파, 휀넬, 아티초크, 적양배추를 넣고 1번을 부어 1시간 정도 재워두었다가, 야채는 건져내고 국물은 끓여 다시 야채에 붓고 소금, 후추로 간하여 하루 정도 냉장고에 넣어놓는다.

접시에 담기

접시에 양상추와 로메인레터스를 깔고, 위에 절인 야채를 모양 있게 얹어 휀넬의 줄기부분으로 장식한다.

INTERNATIONAL Western Cooking

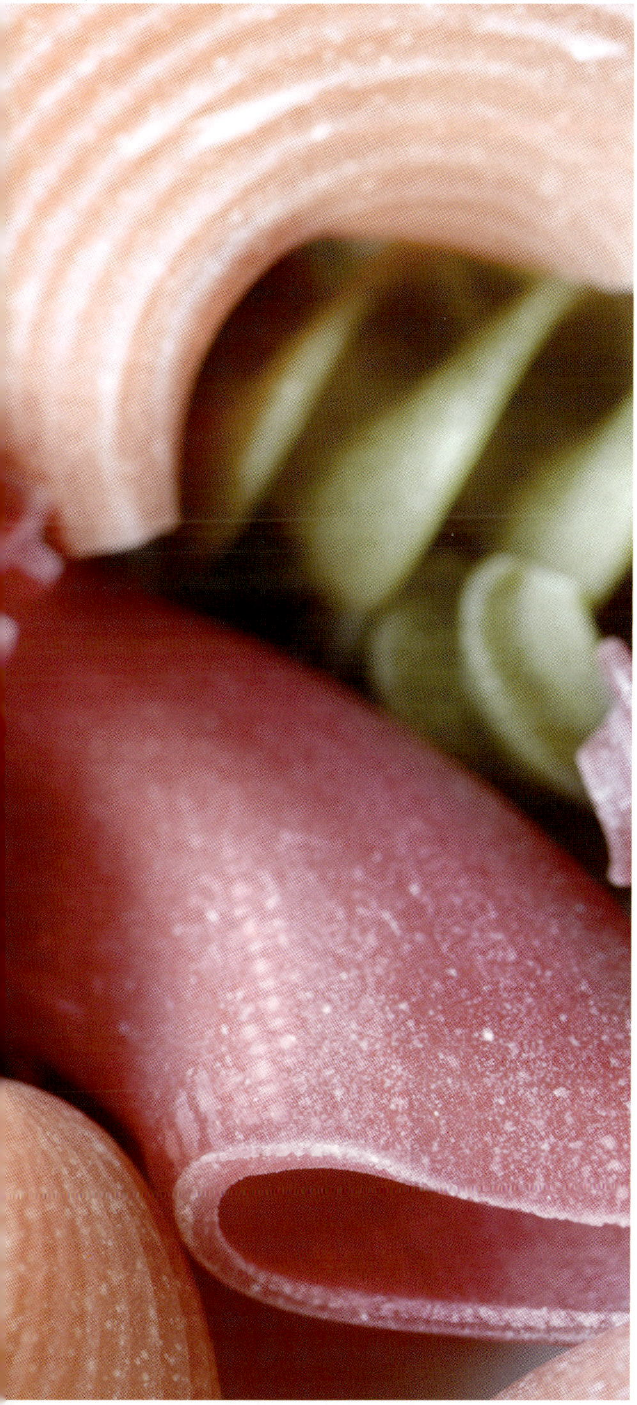

파스타

Vongole Spaghetti

Carbonara

Macaroni Gratin

Seafood Tomato Spaghetti

Spatzle

Classic-Style Lasagna

Garlic Cream Sauce with Penne

Sea Squirt Flavoured Ravioli and Tomato Sauce

Sin-Kimchi Made with Cannelloni

Olive Spaghetti of Italian

Italian Noodle in Chlorella with Tomato Meat Sauce

Vongole Spaghetti

봉골레 스파게티
Vongole Spaghetti

가니시 / 장식
파슬리Parsley 1줄기
바질Basil 2잎

Ingredients

스파게티면Spaghetti 150g
모시조개Short-Necked Clam 200g
백포도주White Wine 50㎖
올리브오일Olive Oil 15㎖
통마늘Whole Bulb of Garlic 5g
홍고추Red Chili 1개
물Water 400㎖
소금Salt 50g
흰후추White Pepper 약간

Method of cooking

재료 준비하기

1 모시조개는 한 번 깨끗이 씻어서 체에 밭친 후 분량의 소금물에 넣는다. 그리고 신문지를 덮거나 어두운 곳에 반나절 정도 두어 해감을 토하게 한다.
2 끓는 물에 소금을 조금 넣고 스파게티 면을 넣어 반투명해질 때까지 삶아, 체에서 내린 후 올리브오일을 살짝 바른다.
3 마늘은 끝 부분을 잘라낸 뒤 저미듯이 썰어놓고, 홍고추는 꼭지를 떼어내고 깨끗이 씻은 후 통째로 어슷하게 썬다.
4 파슬리는 곱게 다진다.

조리하기

1 달궈진 팬에 올리브오일을 두르고 마늘과 고추를 볶아 향을 낸다. 여기에 삶은 면과 손질한 조개를 넣어 볶는다.
2 조개가 익으면 백포도주를 넣고 졸이다가 소금, 후추로 간을 한다.

접시에 담기

파스타 볼에 담고, 바질과 다진 파슬리를 뿌려 장식한다.

Carbonara

까르보나라

Carbonara

가니시 / 장식
파슬리Parsley 1줄기

Ingredients

스파게티면Spaghetti 150g
베이컨Bacon 100g
브로콜리Broccoli 20g
올리브오일Olive Oil 30㎖
다진양파Chopped Onion 10g
생크림Fresh Cream 200㎖
달걀노른자Egg Yolk 3개
파마산치즈Parmesan Cheese 75g
소금Salt 약간
흰후추White Pepper 약간

Method of cooking

재료 준비하기

1 스파게티 면은 끓는 물에 소금과 올리브오일을 넣고 8~9분 정도 삶은 뒤 식힌다.
2 베이컨은 잘게 다져서 달궈진 팬에 기름 없이 구운 후, 종이타월로 살짝살짝 눌러가며 기름기를 닦는다.
3 브로콜리는 밑동을 잘라내어 작게 송이를 나눈 후, 끓는 물에 소금을 조금 넣고 살짝 데쳐 재빨리 찬물에 헹구어 건져 물기를 뺀다.
4 파슬리는 곱게 다진다.

조리하기

1 큰 볼에 생크림과 달걀노른자, 파마산치즈를 넣고 고루 섞어 크림소스를 만든다.
2 팬에 올리브오일을 두르고 다진양파를 볶다가 삶은 면과 베이컨, 크림소스를 넣어 살짝 굴려준다. 소금, 후추로 간을 하고, 마지막에 브로콜리를 넣어서 섞어 살짝 끓인다.

접시에 담기

파스타 볼에 면을 먼저 담아주고, 크림소스를 끼얹듯 면 위에 올려준 뒤, 베이컨과 브로콜리를 모양 있게 올려준 후 파슬리로 장식한다.

TIP

* 면을 삶을 때 끓는 물에 올리브오일을 넣으면 면이 서로 엉겨 붙지 않는다.
* 소스를 넣고 센불에서 오래 끓이면, 소스가 엉겨서 덩어리가 되어 못쓰게 된다.

Macaroni Gratin

마카로니 그라탱

Macaroni Gratin

가니시 / 장식
파슬리Parsley 1줄기
바질Basil 2잎
파마산치즈Parmesan Cheese 약간

Ingredients

마카로니Macaroni 180g
우유Milk 200mℓ
생크림Fresh Cream 100mℓ
모차렐라치즈Mozzarella Cheese 200g
파마산치즈Parmesan Cheese 45g
다진양파Chopped Onion 8g
다진마늘Chopped Garlic 3g
바질Basil 2잎
올리브오일Olive Oil 50mℓ
소금Salt 약간
후추Pepper 약간
토마토소스Tomato Sauce 400mℓ

토마토소스 재료
토마토Tomato 200g
토마토페이스트Tomato Paste 100g
버터Butter 50g
닭육수Chicken Stock 1.5L
베이컨Bacon 100g
양파Onion 100g
당근Carrot 100g
셀러리Celery 50g
마늘Garlic 50g
밀가루Flour 20g
월계수잎Bay Leaf 1잎
파슬리줄기Parsley Stem 2g
통후추Whole pepper 5알
소금Salt 약간
후추Pepper 약간

Method of cooking

재료 준비하기

1 마카로니는 끓는 물에 소금을 약간 넣고 15분 정도 삶아서 건진 후, 올리브오일을 살짝 바른다.
2 토마토소스를 만든다.(부록 소스편 '토마토소스' 참고)
3 파슬리는 곱게 다진다.

조리하기

1 올리브오일을 두른 달궈진 팬에 다진양파와 마늘을 볶아 향을 낸 후, 마카로니와 생크림, 우유를 넣고 졸인다.
2 생크림과 우유가 적당히 졸아 걸쭉해지면, 만들어놓은 토마토소스와 바질잎을 넣어 고루 섞어준 다음 소금, 후추로 간한다.
3 2번을 그라탱 용기에 담고 모차렐라치즈와 파마산치즈를 뿌린 후, 200°C로 예열한 오븐에서 5분간 구워서 낸다.

접시에 담기

바질잎을 얹고 다진 파슬리, 파마산치즈 가루를 살짝 뿌려 장식한다.

Seafood Tomato Spaghetti

해물토마토 스파게티

Seafood Tomato Spaghetti

가니시 / 장식

파슬리Parsley 2g

Ingredients

스파게티면Spaghetti 150g
홍합Mussel 4개
새우Shrimp 100g
패주Scallop 4개
양파Onion 30g
홍파프리카Red Paprika 20g
아스파라거스Asparagus 20g
백포도주White Wine 50㎖
다진마늘Chopped Garlic 6g
올리브오일Olive Oil 20㎖
소금Salt 약간
후추Pepper 약간
해물 토마토소스Seafood Tomato Sauce 200㎖

해물 토마토소스 재료

홍합Mussel 30g
새우Shrimp 30g
조개Clam 30g
관자Scallop 30g
양파Onion 50g
마늘Garlic 10g
당근Carrot 10g
셀러리Celery 20g
올리브오일Olive Oil 20㎖
토마토Tomato 200g
토마토퓨레Tomato Puree 50g
백포도주White Wine 100㎖
레몬즙Lemon Juice 10㎖
바질Basil 5g
월계수잎Bay Leaf 1g
소금Salt 약간
후추Pepper 약간

Method of cooking

재료 준비하기

1 홍합은 엷은 소금물에 흔들어 씻은 후, 가장자리 검은 수염을 잘라내고, 가위로 내장을 제거한다.
2 새우는 내장을 제거하여 흐르는 물에 헹구고, 패주는 흰 막을 벗긴 후 얇게 저민다.
3 스파게티면은 끓는 물에 소금과 올리브오일을 넣고 8~9분 정도 삶은 뒤 식힌다.
4 양파와 홍파프리카는 3㎝ 길이로 채를 썰고, 아스파라거스는 필러로 단단한 줄기부분의 껍질을 벗긴다. 그리고 표피를 칼로 도려낸 다음, 3㎜ 두께로 어슷하게 썬다.
5 해물 토마토소스를 만든다.(부록 소스편 '해물 토마토소스' 참고)
6 파슬리는 곱게 다진다.

조리하기

1 팬에 올리브오일을 두르고 뜨겁게 달군 후 다진마늘을 볶아 향을 내다가 손질해놓은 홍합, 새우, 패주를 넣어 볶는다. 그리고 백포도주를 넣어 졸인 후 썰어놓은 양파와 홍파프리카, 아스파라거스를 넣고 볶다가 해물 토마토소스와 삶은 면을 넣고 골고루 버무려 소금, 후추로 간을 한다.

접시에 담기

파스타 볼에 면을 소담하게 담고, 새우와 홍합 등 해물을 모양 있게 담아준 뒤 다진 파슬리로 장식한다.

Spatzle

독일식 국수요리

Spatzle

가니시 / 장식
파마산치즈Parmesan Cheese 약간
파슬리Parsely 약간

Ingredients

밀가루Flour 100g
달걀Egg 1개
우유Milk 50㎖
올리브오일Olive Oil 20㎖
버터Butter 30g
파마산치즈Parmesan Cheese 30g
백포도주White Wine 10㎖
다진마늘Chopped Garlic 5g
다진양파Chopped Onion 10g
당근Carrot 20g
완두콩Pea 20g
옥수수(캔)Corn(Can) 20g
소금Salt 약간
후추Pepper 약간
토마토소스Tomato Sauce 200㎖

Method of cooking

재료 준비하기

1 당근을 6×6㎜ 크기로 자르고, 완두콩은 한 번 삶아서 찬물에 식힌다. 옥수수(캔)는 물기를 빼어 준비한다.
2 밀가루는 소금, 후추를 넣고, 고운체에서 내려 달걀, 우유, 버터를 넣고 치댄다.
3 파슬리는 곱게 다진다.

조리하기

1 냄비에 물, 올리브오일과 소금을 넣고 끓인다. 그리고 물이 끓기 시작하면 냄비 위에 굵은 체를 받쳐놓고 준비한 반죽을 내려 2~3분 정도 익혀서 건진 후, 찬물에 식혀 물기를 제거한다.
2 팬에 버터를 누르고 다진마늘과 양파를 볶디기 당근, 완두콩, 옥수수를 볶으면서 백포도주를 넣고 졸여 준다. 그리고 만들어 둔 독일식 국수를 넣어 볶은 후 소금, 후추로 간을 한다.
3 해물 토마토소스를 만든다.(부록 소스편 '해물 토마토소스' 참고)

접시에 담기

적당한 볼에 토마토소스를 깔고 위에 독일식 국수를 담고, 다진 파슬리와 파마산치즈가루를 뿌려준다.

Classic-Style Lasagna

고전풍의 라자냐요리

Classic-Style Lasagna

가니시 / 장식

파슬리Parsley 1g
바질Basil 1g

Ingredients

파마산치즈Parmesan Cheese 10g
모차렐라치즈Mozzarella Cheese 50g
밀가루Flour 100g
달걀노른자Egg Yolk 1개
뜨거운 물Hot Water 5㎖
올리브오일Olive Oil 30㎖
소금Salt 약간
후추Pepper 약간
토마토소스Tomato Sauce 70㎖
베샤멜소스Bechamel Sauce 70㎖

토마토소스 재료

토마토Tomato 200g
토마토페이스트Tomato Paste 100g
버터Butter 50g
닭육수Chicken Stock 1.5L
베이컨Bacon 100g
양파Onion 100g
당근Carrot 100g
셀러리Celery 50g
마늘Garlic 50g
밀가루Flour 20g
월계수잎Bay Leaf 1g
파슬리줄기Parsley Stem 2g
통후추Whole Pepper 1g
소금Salt 약간
후추Pepper 약간

베샤멜소스 재료

버터Butter 50g
밀가루(강력분)Flour(Hard) 70g
우유Milk 500㎖
월계수잎Bay Leaf 1g
양파슬라이스Onion Slice 20g
크로브Clover 1g
소금Salt 약간
후추Pepper 약간

Method of cooking

재료 준비하기

1 밀가루는 소금, 후추를 넣어 고운체에서 내려 달걀노른자, 올리브오일과 뜨거운 물을 넣고 치댄 다음, 실온에서 30분 정도를 숙성시킨다.
2 바질은 채를 썰고, 파슬리는 곱게 다진다.
3 토마토소스와 베샤멜소스를 만든다.(부록 소스편 '베샤멜소스' / '토마토소스' 참고)
4 파슬리와 바질은 곱게 다진다.

조리하기

1 숙성시켜 둔 반죽을 2㎜ 두께로 밀어 3장을 만들고, 끓는 물에 데쳐서 얼음물에 식혀 수분을 제거한다.
2 그라탕 용기에 올리브오일을 바르고, 토마토소스와 베샤멜소스를 깔고 모차렐라치즈를 고루 뿌려준 뒤 라자냐 반죽 한 장을 얹는다. 이 과정을 2회 반복한 다음, 위에 모차렐라치즈와 파마산치즈를 뿌린 뒤 180℃로 예열된 오븐에서 7~8분 정도 구운다.

접시에 담기

구워낸 그라탕 위에 다진 파슬리와 바질로 장식하고, 토마토소스를 모양 있게 얹는다.

Garlic Cream Sauce with Penne

마늘크림소스로 맛을 낸 펜네

Garlic Cream Sauce with Penne

가니시 / 장식

파슬리Parsley 2g
마늘Garlic 10g

Ingredients

파마산치즈Parmesan Cheese 30g
달걀노른자Egg Yolk 2개
생크림Fresh Cream 100㎖
우유Milk 50㎖
통마늘Whole Bulb of Garlic 30g

펜네Penne 100g
올리브오일Olive Oil 20㎖
백포도주White Wine 10㎖
소금Salt 약간
후추Pepper 약간

Method of cooking

재료 준비하기

1. 소금, 올리브오일을 넣은 끓는 물에 펜네를 삶아 물기를 제거하고 올리브오일을 바른다.
2. 통마늘은 오븐에서 완전히 익힌다.
3. 믹서에 익힌 통마늘, 파마산치즈, 달걀노른자, 우유, 생크림을 넣고 곱게 간다.
4. 파슬리는 곱게 다져두고, 장식용 마늘은 얇게 슬라이스하여 올리브오일을 두른 팬에 갈색이 나도록 튀긴다.

조리하기

1. 팬에 올리브오일을 두르고 펜네를 볶다가 소금, 후추로 간을 한 다음 백포도주를 넣고 졸인다. 그리고 마늘 크림소스를 넣고 끓인다.

접시에 담기

접시에 담고 마늘 슬라이스 튀긴 것을 모양 있게 올려준 뒤, 다진 파슬리를 살짝 뿌려준다.

Sea Squirt Flavoured Ravioli and Tomato Sauce

멍게향을 낸 라비올리와 토마토소스

Sea Squirt Flavoured Ravioli and Tomato Sauce

가니시 / 장식
바질Basil 2잎

Ingredients

새우Shrimp 50g
관자Scallop 50g
멍게Sea Squirt 30g
마늘Garlic 6g
양파Onion 20g
아스파라거스Asparagus 10g
밀가루(강력분)Flour 80g
달걀노른자Egg Yolk 1개
레몬Lemon ⅓개
생크림Fresh Cream 20㎖
올리브오일Olive Oil 20㎖
코냑Cognac 3㎖
바질Basil 2잎
소금Salt 약간
후추Pepper 약간
토마토소스Tomato Sauce 70㎖
백포도주White Wine 20㎖

토마토소스 재료
토마토Tomato 200g
토마토페이스트Tomato Paste 100g
버터Butter 50g
닭육수Chicken Stock 1.5L
베이컨Bacon 100g
양파Onion 100g
당근Carrot 100g
셀러리Celery 50g
마늘Garlic 50g
밀가루Flour 20g
월계수잎Bay Leaf 1잎
파슬리줄기Parsley Stem 2g
통후추Whole Pepper 3알
소금Salt 약간
후추Pepper 약간

Method of cooking

재료 준비하기

1 밀가루(강력분)에 소금, 후추를 넣고 고운체에서 내린 다음 달걀노른자, 올리브오일을 넣어 치댄 후, 30분 정도 실온에서 숙성한다.
2 새우, 관자, 멍게는 깨끗이 씻은 뒤 코냑과 레몬즙을 넣고 곱게 간다.
3 양파와 마늘은 곱게 다져두고, 아스파라거스는 1㎝ 크기로 어슷하게 썬다.
4 바질은 얇게 채를 썰고, 토마토소스를 만든다.(부록 소스편 '토마토소스' 참고)

조리하기

1 팬에 올리브오일을 두르고 다진마늘, 양파를 볶다가 갈아둔 새우, 관자, 멍게를 넣고 볶는다. 그리고 백포도주를 넣고 졸인 다음, 생크림을 넣어 졸이고 소금, 후추로 간을 한다.
2 숙성시킨 반죽을 1㎜ 두께로 밀어 2장으로 만들어 놓고, 한 장에 달걀노른자를 바른 후, 볶아둔 1번 해물소를 간격을 두어 놓는다. 그리고 남은 한 장을 그 위에 덮어 삼각 모양 또는 꽃무늬 모양으로 찍어놓는다.
3 끓는 물에 소금, 올리브오일을 넣고 2번을 삶아서 낸다.
4 팬에 올리브오일을 두르고 다진마늘과 양파를 볶다가 아스파라거스를 넣어 소금, 후추로 간을 하고 볶는다. 그리고 백포도주를 넣어 졸인 다음 토마토소스를 넣고 살짝 끓인다.

접시에 담기

적당한 볼 그릇에 조리하기 4번 소스를 깔고 라비올리를 올린 후, 조리하기 4번 소스를 다시 덮어준 다음 채 썬 바질과 바질잎으로 장식한다.

Sin-Kimchi Made with Cannelloni

신김치를 넣어 만든 까네로니

Sin–Kimchi Made with Cannelloni

가니시 / 장식
파슬리Parsley 1g
바질Basil 2잎

Ingredients

다진 닭가슴살Chopped Chiken Breast 150g
신김치Sin-Kimchi 80g
다진양파Chopped Onion 50g
다진마늘Chopped Garlic 5g
백포도주White Wine 30ml
모차렐라치즈Mozzarella Cheese 30g
파마산치즈Parmesan Cheese 10g
올리브오일Olive Oil 20ml
밀가루Flour 100g
달걀노른자Egg Yolk 1개
뜨거운 물Hot Water 10㎖
소금Salt 약간
후추Pepper 약간
토마토소스Tomato Sauce 70㎖
베샤멜소스Bechamel Sauce 70㎖

토마토소스 재료
토마토Tomato 200g
토마토페이스트Tomato Paste 100g
버터Butter 50g
닭육수Chicken Stock 1.5L
베이컨Bacon 100g
양파Onion 100g
당근Carrot 100g
셀러리Celery 50g
마늘Garlic 50g
밀가루Flour 20g
월계수잎Bay Leaf 1g
파슬리줄기Parsley Stem 2g
통후추Whole Pepper 1g
소금Salt 약간
후추Pepper 약간

베샤멜소스 재료
버터Butter 50g
밀가루(강력분)Flour(Hard) 70g
우유Milk 500㎖
월계수잎Bay Leaf 1g
양파슬라이스Onion Slice 20g
크로브Clover 1g
소금Salt 약간
후추Pepper 약간

Method of cooking

재료 준비하기

1 밀가루는 소금, 후추를 넣고 고운체에서 내려 달걀노른자, 올리브오일과 뜨거운 물을 넣고 치댄다. 그리고 실온에서 30분 정도를 숙성시킨다.
2 닭가슴살은 곱게 다져 준비하고, 신김치는 꼭 짜서 양념을 털어내고 곱게 다진다.
3 토마토소스와 베샤멜소스를 만든다.(부록 소스편 '베샤멜소스' / '토마토소스' 참고)
4 파슬리는 곱게 다진다.

조리하기

1 숙성시켜둔 반죽을 2㎜ 두께로 밀어 가로 20㎝×세로 10㎝ 크기로 잘라 끓는 물에 데친다. 그리고 얼음물에서 식혀 수분을 제거한다.
2 팬에 다진마늘과 양파를 볶다가 닭가슴살을 볶으면서, 신김치를 넣어 볶은 후 백포도주를 넣어 졸이다가 베샤멜소스를 넣고 끓인다.
3 1번 반죽에 2번 소를 적당히 놓고 김밥 말듯이 말아 감싼 다음 2.5cm 크기로 자른다.

접시에 담기

적당한 그라탕 용기에 토마토소스를 깔고 조리하기 3번을 가지런히 놓은 후, 위에 토마토소스로 덮고, 모차렐라치즈와 파마산치즈를 뿌려 오븐에서 색을 낸다. 다진 파슬리를 뿌려주고, 바질로 장식한다.

Olive Spaghetti of Italian

이탈리안식 올리브 스파게티

Olive Spaghetti of Italian

가니시 / 장식

딜Dill 1줄기
파마산치즈Parmesan Cheese 2g
그린올리브Green Olive 1개
블랙올리브Black Olive 1개

Ingredients

스파게티Spaghetti 100g
그린올리브Green Olive 20g
블랙올리브Black Olive 20g
토마토Tomato 100g
할라피뇨Jalapeno 10g
올리브오일Olive Oil 30㎖
양파Onion 10g
마늘Garlic 5g
바질Basil 3잎
레몬즙Lemon Juice 5㎖
앤초비Anchovy 5g
백포도주White Wine 20㎖
소금Salt 약간
후추Pepper 약간

Method of cooking

재료 준비하기

1 끓는 물에 올리브오일, 소금을 넣고 스파게티를 삶아낸 후 올리브오일을 바른다.
2 그린올리브, 블랙올리브, 토마토, 할라피뇨, 양파, 마늘, 바질, 레몬즙, 백포도주, 앤초비를 믹서에 넣어 곱게 간다.
3 장식용 그린 · 블랙올리브는 3등분한다.

조리하기

1 팬에 올리브오일을 두르고 스파게티를 볶다가, 갈아둔 소스를 넣고 함께 볶아 소금, 후추로 간을 한다.

접시에 담기

적당한 볼 그릇에 소담하게 담고 잘라둔 그린, 블랙올리브와 딜로 장식하여 파마산치즈 가루를 뿌려준다.

Italian Noodle in Chlorella with Tomato Meat Sauce

클로렐라를 이용한 이탈리안식 누들요리와 토마토 미트소스

Italian Noodle in Chlorella with Tomato Meat Sauce

가니시 / 장식
타임Thyme 1줄기
파마산치즈Parmesan Cheese 3g

Ingredients

밀가루Flour 100g
클로렐라 분말Chlorella Powder 5g
달걀Egg 1개
양파Onion 30g
마늘Garlic 5g
백포도주White Wine 10㎖
올리브오일Olive Oil 20㎖
뜨거운 물Hot Water 2㎖
소금Salt 약간
후추Pepper 약간
토마토 미트소스Tomato Beef Sauce 100㎖

토마토 미트소스 재료
소고기 갈은 것Ground Beef 200g
양파Onion 50g
마늘Garlic 10g
셀러리Celery 30g
올리브오일Olive Oil 50㎖
소고기육수Beef Stock 400㎖
토마토퓨레TomatoPuree 200g
백포도주White Wine 100㎖
오레가노Oregano 1g
타임Thyme 0.5g
바질Basil 0.5g
월계수잎Bay Leaf 1잎
소금Salt 약간
후추Pepper 약간

Method of cooking

재료 준비하기

1 양파와 마늘은 곱게 다진다.
2 밀가루, 클로렐라 분말, 소금, 후추를 고운체에서 내려 달걀, 약간의 올리브오일과 뜨거운 물을 넣어 반죽한다. 그리고 2㎜ 두께로 얇게 밀어 국수 모양으로 썬 다음, 끓는 물에 삶아 얼음물에 식힌 후 물기를 제거하고 올리브오일을 바른다.
3 토마토 미트소스를 만든다.(부록 소스편 '토마토 미트소스' 참고)

조리하기

1 팬에 올리브오일을 두르고 다진마늘과 양파를 볶다가 누들을 볶으면서 소금, 후추로 간을 한다. 그리고 백포도주를 넣고 졸인 다음, 미트 소고기소스를 넣고 볶아낸다.

접시에 담기

적당한 용기에 완성된 누들요리를 담고 파마산치즈를 뿌린 다음 살라망드에 색을 낸다. 타임으로 장식하고 파마산치즈 가루를 살짝 뿌려 모양을 낸다.

INTERNATIONAL Western Cooking

생선요리

Wrap Potato in White Fish with Butter Sauce
Stuffed Scallop of Crab with Sea Bass and Vegetable Sauce
Tomato Sauce with Scallop
White Wine Cream Sauce with Sea Bass Steak and Fried Scallop
Grilled Fillet of Sea Bass with Vegetable and Basil Sauce
Abalone with Mango Sauce
Italian Yellow Paprika Sauce with Sea Food Mousse in the Sea Squirt
Lobster Gratin with American Sauce and Sabayon Sauce
Nantua Sauce with Sea Bream
Asparagus with Mushrooms, Seafood and Tomato Sauce
Potato Thin Slice Wrap in Lobster Meat
Roasted Sole Stuffed Shell-Fish
Tomato Herb Sauce with Sea Bream Coved Olive Encroute
Tomato Sauce with Boiled Salmon, Flatfish on the Green Peas Mousse
King Prawns and Paprika Sauce on the Chlorella Rice
Seafood in Tomato
Salmon Steak with Black Mushroom and Cous Cous Garlic Cream Sauce
Stuffed Seafood Cuttlefish Steak with Barbecue Sauce, King Oyster Mushroom
Olive Vinegar Sauce with Stuffed Mussel, Mushroom in the Sea Bream

Wrap Potato in White Fish with Butter Sauce

감자로 감싼흰살생선과 버터소스

Wrap Potato in White Fish with Butter Sauce

가니시 / 장식
로즈마리Rosemary 1줄기

Ingredients

감자Potato 100g
달걀흰자Egg White 1개
전분Starch 30g
흰살생선(광어)Halibut 80g
버터Butter 50g
백포도주White Wine 70㎖
레몬즙Lemon Juice 2㎖
소금Salt 약간
후추Pepper 약간

버터소스 재료
양파Onion 10g
월계수잎Bay Leaf 1잎
파슬리줄기Parsley Stem 1줄기
식초Vinegar 10㎖
백포도주White Wine 30㎖
버터Butter 50g
생크림Fresh Cream 10㎖
통후추Whole Pepper 1g

Method of cooking

재료 준비하기

1 생선을 손질하여 소금, 후추, 레몬즙, 백포도주로 재워놓는다.
2 감자를 깨끗이 씻어 껍질을 제거하고, 채칼에 곱게 채를 썰어 물에 담근다.
3 달걀은 노른자와 흰자를 분리해 흰자만 준비한다.
4 버터소스를 만들어 놓는다.(부록 소스편 '버터소스' 참고)

조리하기

1 물기를 제거한 채 썬 감자를 스팀에 2분 정도 찐 다음 식혀 소금, 후추를 하고, 전분과 달걀흰자를 넣어 혼합하여 비닐로 덮고 둥근 밀대로 3㎜ 두께로 밀어놓는다.
2 팬에 버터를 두르고 센불에서 생선을 길색 낸 다음, 밀어둔 1번의 감자로 감싼 후 팬에서 갈색이 나도록 구운다.

접시에 담기

접시에 감자로 감싼 생선을 잘라 담고 버터소스를 곁들인다. 로즈마리로 장식한다.

TIP

* 소스의 온도는 60℃ 정도가 좋으며, 온도가 떨어지면 버터가 분리되며 온도가 높아도 버터가 분리된다.
* 포도주를 졸일 때 생크림을 조금 넣어 졸이면, 분리를 억제하고 장시간 보관이 용이하다.

Stuffed Scallop of Crab with Sea Bass and Vegetable Sauce

관자와 게살로 속을 채운 농어요리에 채소소스

Stuffed Scallop of Crab with Sea Bass and Vegetable Sauce

가니시 / 장식

차이브Chive 2줄기
식용꽃Edible Flower 1개
양파Onion 5g
애호박Squash 5g
당근Carrot 5g

Ingredients

농어Sea Bass 80g
관자Muscle 20g
게살Crab 20g
양송이Mushroom 100g
애호박Squash 10g
당근Carrot 10g
양파Onion 10g
마늘Garlic 10g
생크림Fresh Cream 60mℓ
버터Butter 30g
백포도주White Wine 60mℓ
레몬즙Lemon Juice 5mℓ
소금Salt 약간
후추Pepper 약간

채소소스 재료

당근Carrot 20g
양파Onion 30g
청파프리카Green Paprika 20g
홍파프리카Red Paprika 20g
마늘Garlic 5g
토마토케첩Tomato Ketchup 80g
식초Vinegar 50ml
샐러드오일Salad Oil 30mℓ
백포도주White Wine 100mℓ
닭육수Chicken Stock 300mℓ
레몬즙Lemon Juice 5mℓ
생크림Fresh Cream 50mℓ
소금Salt 약간
후추Pepper 약간

Method of cooking

재료 준비하기

1 농어를 손질하여 얇게 저민 다음 소금, 후추로 간을 한다. 그리고 레몬즙, 백포도주를 뿌려 재워놓는다.
2 관자, 게살, 양송이, 양파, 마늘을 곱게 다진다.
3 당근과 애호박은 가늘게 채를 썰고, 가니시용 당근, 양파, 애호박은 작은 주사위 모양으로 썰어 센불에서 살짝 볶는다.
4 채소소스를 만들어 놓는다.(부록 소스편 '채소소스' 참고)

조리하기

1 팬에 버터를 두르고 다진마늘과 양파를 넣고 볶다가 양송이를 넣고 볶는다. 관자와 게살을 넣고 볶다가 백포도주를 넣고 졸인 후 생크림을 넣고 졸인다.
2 팬에 버터를 두르고 다진마늘과 양파를 넣고 살짝 볶는다. 그리고 채 썬 당근을 넣고 볶으면서 백포도주를 넣고 졸인 후 소금후추로 간을 한다. 채 썬 애호박도 같은 방법으로 볶아 따로 놓는다.
3 재워둔 농어에 1번을 적당히 놓고, 2번의 볶아둔 당근과 애호박을 올려놓은 뒤, 김밥 말듯이 잘 감싸 스팀에서 쪄낸다.

접시에 담기

- 접시에 쪄낸 농어를 모양 있게 반으로 잘라놓고, 채소소스와 가니시용 애호박, 당근, 양파를 함께 곁들여 낸다.
- 차이브와 식용꽃으로 장식한다.

Tomato Sauce with Scallop

관자요리와 토마토소스

Tomato Sauce with Scallop

가니시 / 장식

바질Basil 1잎
아스파라거스Asparagus 5g
홍파프리카Red Paprika 2g

Ingredients

관자Muscle 100g
토마토Tomato 50g
양파Onion 20g
블랙올리브Black Olive 10g
그린올리브Green Olive 10g
닭육수Chicken Stock 50㎖
토마토주스TomatoJuice 50㎖
백포도주White Wine 20㎖
마늘Chopped Garlic 5g
레몬즙Lemon Juice 2g
바질Basil 2잎
올리브오일Olive Oil 30㎖
소금Salt 약간
후추Pepper 약간

Method of cooking

재료 준비하기

1 관자를 손질하여 주사위 모양으로 썬다.
2 토마토는 뜨거운 물에 데쳐 껍질과 씨를 제거하고, 주사위 모양으로 썬다.
3 양파의 절반은 주사위 모양으로 썰고, 나머지 절반은 다진다.
4 블랙, 그린올리브를 반으로 잘라 준비한다.
5 바질은 곱게 다져두고, 장식용 아스파라거스와 홍파프리카는 모양 있게 자른다.

조리하기

1 팬에 올리브오일을 두르고 다진마늘과 양파를 볶는다. 그리고 관자를 넣고 살짝 볶으면서 백포도주로 졸인 후 레몬즙, 소금, 후추로 간을 한다.
2 팬에 올리브오일을 두르고 양파와 블랙, 그린올리브를 은근한 불에서 오랫동안 볶아 향을 내다가, 백포도주를 넣고 졸인다.
3 2번에 닭육수를 넣고 졸인 후 토마토와 토마토주스를 넣고 은근히 끓인다. 그리고 바질 다진 것을 넣고 끓여 1번의 볶아놓은 관자를 넣고 살짝 끓여낸다.

접시에 담기

적당한 볼 접시에 담고 바질잎과 아스파라거스, 홍파프리카로 장식한다.

White Wine Cream Sauce with
Sea Bass Steak and Fried Scallop

농어구이 관자튀김과 백포도주 크림소스

White Wine Cream Sauce with Sea Bass Steak and Fried Scallop

가니시 / 장식

아스파라거스Asparagus 1줄기
바질Basil 1잎
고구마Sweet Potato 5g
홍파프리카Red Paprika 5g

Ingredients

농어Sea Bass 80g
관자Muscle 50g
빵가루Bread Crumbs 50g
밀가루Flour 50g
달걀Egg 1개
백포도주White Wine 80mℓ
올리브오일Olive Oil 100mℓ
마늘Chopped Garlic 5g
레몬즙Lemon Juice 약간
소금Salt 약간
후추Pepper 약간

백포도주 크림소스 재료

토마토Tomato 5g
생선육수Fish Stock 100mℓ
양파Onion 20g
파슬리줄기Parsley Stem 1줄기
통후추Whole Pepper 5알
월계수잎Bay Leaf 1잎
백포도주White Wine 100mℓ
생크림Fresh Cream 80mℓ
차이브Chive 4줄기

Method of cooking

재료 준비하기

1 농어는 손질한 후 소금, 후추, 백포도주, 레몬즙으로 재워놓는다.
2 관자는 둥글게 3등분으로 손질하여 소금, 후추, 백포도주, 레몬즙으로 재워둔다. 그리고 밀가루, 달걀, 빵가루로 옷을 입힌 후, 올리브오일에 튀긴다.
3 가니시용 고구마를 껍질을 벗기고 아주 얇게 썰어 올리브오일에 튀긴다. 그리고 아스파라거스와 홍파프리카도 손질하여 센불에서 살짝 구워낸다.

조리하기

1 팬에 올리브오일을 두르고 농어를 갈색나게 구워낸다.
2 마늘과 바질을 곱게 다져 올리브오일에 넣어 약한 불에서 1시간 정도 두었다가 고운체에서 내린다.(바질오일)

백포도주 크림소스 만들기

1 생선육수에 양파, 파슬리줄기, 통후추, 월계수잎, 백포도주를 넣고 ½ 정도로 졸이다가, 생크림을 넣고 농도가 걸쭉해질 때까지 졸인 후 고운체에서 내린다.
2 토마토를 작은 주사위 모양으로 썰고, 차이브는 곱게 다져 1번 소스에 넣고 소금, 후추로 간을 한다.

접시에 담기

접시 중앙에 구운 농어와 튀긴 관자를 놓고, 백포도주 크림소스와 바질오일을 뿌린 다음 홍파프리카, 고구마, 아스파라거스, 튀긴 바질로 장식한다.

Grilled Fillet of Sea Bass with Vegetable and Basil Sauce

바질향과 야채로 맛을 낸 신선한 농어구이요리

Grilled Fillet of Sea Bass with Vegetable and Basil Sauce

가니시 / 장식

고수Coriander 1잎

Ingredients

농어Sea Bass 80g
닭육수Chicken Stock 50㎖
생선육수Fish Stock 50㎖
당근Carrot 10g
양파Onion 10g
바질Basil 2잎
애호박Squash 10g
다진마늘Chopped Garlic 3g
백포도주White Wine 30㎖
레몬즙Lemon Juice 5㎖
올리브오일Olive Oil 30㎖
소금Salt 약간
후추Pepper 약간

Method of cooking

재료 준비하기

1 농어를 손질하여 소금, 후추, 백포도주, 레몬즙에 재워놓는다.
2 당근, 양파, 애호박을 4㎝ 길이로 채를 썬다.
3 바질은 곱게 채를 썬다.

조리하기

1 달궈진 팬에 올리브오일을 두르고 농어를 굽는다.
2 팬에 올리브오일을 두르고 다진마늘과 채를 썰어둔 양파를 볶다가 당근을 넣고 볶아준다. 그리고 애호박을 넣고 볶다가 소금, 후추로 간을 하고 백포도주를 넣고 졸인 후 닭육수와 생선육수, 바질을 넣고 살짝 졸인다.

접시에 담기

적당한 볼 접시에 졸여둔 2번의 채 썬 야채를 건져 살짝 깔고, 구워진 농어를 올려준다. 그리고 2번의 채소소스와 채 썬 야채를 곁들여 올려주고 고수로 장식한다.

Abalone with Mango Sauce

망고소스와 전복요리

Abalone with Mango Sauce

가니시 / 장식
바질Basil 1잎
서양냉이Cresson 2g

Ingredients

전복Abalone 150g
양파Onion 50g
다진마늘Chopped Garlic 10g
닭육수Chicken Stock 100㎖
망고퓨레Mango Puree 70㎖
백포도주White Wine 50㎖
생크림Fresh Cream 50㎖

달걀노른자Egg Yolk 1개
레몬즙Lemon Juice 5㎖
오렌지즙Orange Juice 5㎖
올리브오일Olive Oil 30㎖
소금Salt 약간
후추Pepper 약간

Method of cooking

재료 준비하기

1 전복은 손질하여 얇게 썰어두고, 전복 껍데기도 깨끗이 닦아 손질한다.
2 양파는 곱게 갈아놓는다.
3 장식용 바질은 올리브오일에 살짝 튀긴다.

조리하기

1 달궈진 냄비에 올리브오일을 두르고 다진마늘과 양파를 넣어 볶는다. 그리고 망고 퓨레를 넣어 볶다가 백포도주를 넣고 졸인 다음, 닭육수를 붓고 졸여 소금, 후추로 간을 한다.
2 팬에 마늘과 양파를 볶다가 전복을 넣어 볶은 후, 백포도주를 넣고 졸인다. 소금, 후추로 간을 한 다음 1번의 소스를 넣고 혼합하여 끓인다.
3 볼 그릇에 생크림을 거품기로 휘핑시킨다.
4 볼 그릇에 달걀노른자를 중탕에서 익지 않게 거품기로 휘핑시키면서, 오렌지즙과 레몬즙, 소금, 후추를 넣어준다. 그리고 3번의 휘핑한 생크림을 넣고 혼합한다.
5 깨끗이 손질한 전복 껍데기에 2번의 전복요리를 담고, 4번의 휘핑한 소스를 덮어 살라망드에서 색을 낸다.

접시에 담기

접시에 담고 튀긴 바질과 서양냉이로 모양 있게 장식한다.

Italian Yellow Paprika Sauce with Sea Food Mousse in the Sea Squirt

멍게 속에 해물무스와 이탈리안 노란파프리카소스

Italian Yellow Paprika Sauce with Sea Food Mousse in the Sea Squirt

가니시 / 장식

청파프리카Green Paprika 10g
홍파프리카Red Paprika 10g
타라곤Tarragon 1줄기

Ingredients

멍게Sea Squirt 80g
연어Salmon 30g
관자Muscle 30g
광어Halibut 30g
달걀흰자Egg White 1개
코냑Cognac 10㎖
백포도주White Wine 20㎖
생크림Fresh Cream 100㎖
레몬즙Lemon Juice 10㎖
소금Salt 약간
후추Pepper 약간

노란 파프리카소스 재료

노란 파프리카Yellow Paprika 30g
양파Onion 10g
생선육수Fish Stock 100㎖
마늘즙Garlic Juice 10㎖
레몬즙Lemon Juice 5㎖
백포도주White Wine 50㎖
생크림Fresh Cream 100㎖
버터Butter 20g
소금Salt 약간
후추Pepper 약간

Method of cooking

재료 준비하기

1. 멍게는 깨끗하게 손질하여 물기를 제거한다.
2. 광어, 연어, 관자를 손질하여 썬다.
3. 양파는 곱게 다진다.
4. 가니시용 청·홍파프리카는 가늘게 채를 썰어 끓는 물에 살짝 데친다.

조리하기

1. 손질하여 썰어둔 광어, 연어, 관자를 믹서에 넣고, 달걀흰자와 백포도주를 함께 넣어 곱게 갈아 코냑과 레몬즙을 넣고 고운 체에서 내린다. 그리고 나무주걱으로 휘핑하면서 생크림을 조금씩 넣어 혼합한 후 소금, 후추로 간을 한다.
2. 손질해 둔 멍게 속에 1번의 해물무스를 적당히 채운 후 스팀에서 7~8분 정도 쪄낸다.

노란 파프리카소스 만들기

1. 냄비에 생선육수를 붓고 노란 파프리카를 물러질 때까지 삶은 다음, 수분을 제거하여 고운체에서 내린다.
2. 냄비에 백포도주를 졸이다가 생선육수를 약간 넣고 졸인 후, 1번의 체에서 내린 파프리카를 넣고 끓이면서 마늘즙, 레몬즙, 생크림을 넣어 끓여준 뒤 소금, 후추로 간을 한다.

접시에 담기

접시에 채 썬 청·홍파프리카를 소담하게 깔고, 쪄낸 멍게를 반으로 잘라 올려준다. 노란 파프리카소스를 곁들이고, 타라곤으로 장식한다.

Lobster Gratin with American Sauce and Sabayon Sauce

바닷가재요리에 사바용소스와 아메리칸소스

Lobster Gratin with American Sauce and Sabayon Sauce

가니시 / 장식
통마늘Whole Bulb Of Garlic 1개
오레가노Oregano 1줄기
바질Basil 2잎

Ingredients

바닷가재Lobster 200g
양송이버섯Mushroom 100g
생크림Fresh Cream 50㎖
양파Onion 50g
마늘Garlic 5g
백포도주White Wine 50㎖
올리브오일Olive Oil 50㎖
소금Salt 약간
후추Pepper 약간

생선요리 사바용 크림소스 재료
생크림Fresh Cream 30㎖
달걀노른자Egg Yolk 1개
레몬즙Lemon Juice 5㎖
오렌지즙Orange Juice 5㎖
소금Salt 약간
후추Pepper 약간

아메리칸소스 재료
바닷가재Lobster 500g
토마토Tomato 200g
양파Onion 50g
당근Carrot 30g
셀러리Celery 30g
버터Butter 60g
토마토페이스트Tomato Paste 100g
생선육수Fish Stock 1,000㎖
백포도주White Wine 100㎖
코냑Cognac 20㎖
통마늘Whole Bulb Of Garlic 10g
월계수잎Bay Leaf 1잎
흰통후추Whole Pepper(White) 2g
밀가루Flour 50g
소금Salt 약간
후추Pepper 약간

Method of cooking

재료 준비하기

1 바닷가재를 꼬챙이로 꽂아 스팀에 쪄낸 후 껍질을 제거하고 얇게 썬다.
2 마늘, 양파, 양송이버섯을 곱게 다진다.
3 가니시용 통마늘은 오븐에서 구운다.

조리하기

1 팬에 올리브오일을 두르고 다진마늘과 양파를 넣고 볶다가 양송이를 넣어 볶는다. 그리고 백포도주를 넣고 졸이다가 생크림을 넣어 졸여낸 다음 소금, 후추로 간을 한다.

접시에 담기

접시 중앙에 조리해 둔 **1**번을 놓고 그 위에 바닷가재를 가지런히 놓은 뒤, 사바용소스로 덮어 살라망드에 색을 낸 다음 아메리칸소스를 곁들여 낸다. 구운 통마늘과 오레가노, 바질로 장식한다.

Nantua Sauce with Sea Bream

낭투아소스와 도미요리

Nantua Sauce with Sea Bream

가니시 / 장식

바질Basil 1잎
애호박Squash 10g
통마늘Whole Bulb of Garlic 반쪽
파슬리찹Pasley Chop 1g

Ingredients

도미Sea Bream 150g
레몬즙Lemon Juice 1㎖
백포도주White Wine 30㎖
소금Salt 약간
후추Pepper 약간

낭투아소스 재료

새우머리, 바닷가재뼈Shrimp Head, Lobster Bone 150g
양송이버섯Mushroom 20g
양파Onion 30g
당근Carrot 20g
토마토Tomato 100g
셀러리Celery 10g
버터Butter 50g
밀가루Flour 30g
토마토페이스트Tomato Paste 50g
생크림Fresh Cream 30㎖
생선육수Fish Stock 400㎖
백포도주White Wine 30㎖
코냑Cognac 10㎖
통마늘Whole Bulb of Garlic 10g
월계수잎Bay Leaf 1잎
통후추Whole Pepper 5알
소금Salt 약간
후추Pepper 약간

Method of cooking

재료 준비하기

1. 도미를 손질하여 소금, 후추, 레몬즙, 백포도주로 재운다.
2. 마늘은 으깨고 양파, 당근, 셀러리, 양송이버섯은 채를 썬다.
3. 밀가루 2 : 버터 1.5 비율을 혼합한다.(Butter Manie)
4. 생크림을 휘핑하고, 셀러리에 월계수잎과 통후추를 넣고 실로 묶어 부케가르니를 만든다.
5. 장식용 바질은 올리브오일에 살짝 튀겨놓고, 애호박은 껍질을 제거한 뒤 곱게 채를 썰어 볶는다. 그리고 통마늘은 오븐에서 구워 준비한다.

조리하기

1. 달궈진 팬에 버터를 두르고, 재워둔 도미를 갈색이 나게 구워낸다.

낭투아소스 만들기

1. 팬에 버터를 두르고 마늘, 양파, 당근, 셀러리, 양송이버섯을 볶다가 새우머리, 바닷가재뼈를 함께 넣는다. 그리고 주걱으로 으깨면서 볶은 후 코냑으로 후란베를 하고 백포도주를 첨가한 다음 졸인다.
2. 토마토페이스트를 넣고 볶은 다음, 생선육수를 붓고 부케가르니를 넣어 40분 정도를 끓인 후 혼합해놓은 Butter Manie을 넣고 농도를 맞춘다.
3. 2번 소스를 고운체에서 내려 휘핑한 생크림을 넣고 혼합하여 소금, 후추로 간을 한다.

접시에 담기

접시에 도미를 담고, 곱게 채를 썰어 볶은 애호박을 올린다. 그리고 낭투아소스를 곁들이고 튀긴 바질, 구운 통마늘, 파슬리찹으로 모양 있게 장식한다.

Asparagus with Mushrooms, Seafood and Tomato Sauce

아스파라거스와 함께하는 버섯, 해물요리와 토마토소스

Asparagus with Mushrooms, Seafood and Tomato Sauce

가니시 / 장식
오레가노Oregano 1줄기

Ingredients

아스파라거스Asparagus 50g
새송이버섯King Oyster Mushroom 50g
관자Muscle 50g
새우Shrimp 50g
백포도주White Wine 30㎖
바질Basil 3g
모차렐라치즈Mozzarella Cheese 20g
올리브오일Olive Oil 30㎖
양파Onion 30g
마늘Garlic 5g
소금Salt 약간
후추Pepper 약간

토마토소스 재료
토마토Tomato 30g
토마토페이스트Tomato Paste 20㎖
버터Butter 50g
닭육수Chicken Stock 150㎖
베이컨Bacon 10g
양파Onion 30g
당근Carrot 10g
셀러리Celery 10g
마늘Garlic 5g
월계수잎Bay Leaf 1잎
파슬리줄기Parsley Stem 1줄기
통후추Whole Pepper 3알
소금Salt 약간
후추Pepper 약간

Method of cooking

재료 준비하기

1 마늘과 양파는 곱게 다진다.
2 아스파라거스의 껍질을 제거하고, 새송이버섯은 깨끗하게 손질을 하여 어슷하게 자른다.
3 관자를 손질하여 얇게 썰고, 새우는 내장을 빼고 껍질을 제거하여 1.5㎝ 크기로 썬다.
4 토마토소스를 만든다.(부록 소스편 '토마토소스' 참고)

조리하기

1 팬에 오일을 두르고 다진마늘과 양파를 넣고 볶다가 새송이버섯과 아스파라거스, 관자, 새우를 넣고 볶은 후 만들어놓은 토마토소스를 넣어 볶는다.
2 백포노수를 넣고 졸인 후, 바질을 넣어 살짝 볶아 소금, 후추로 간을 한다.

접시에 담기

볼 접시에 볶은 것을 소담히 담고, 위에 모차렐라치즈를 올려 살라망드에서 낸다. 오레가노로 장식한다.

Potato Thin Slice Wrap in Lobster Meat

얇게 썬 감자로 감싼 바닷가재요리

Potato Thin Slice Wrap in Lobster Meat

가니시 / 장식
딜Dill 1줄기

Ingredients

바닷가재Lobster 80g
감자Potato 40g
당근Carrot 10g
애호박Squash 10g
양파Onion 10g
셀러리Celery 5g
생크림Fresh Cream 20㎖
아메리칸소스American Sauce 40㎖
전분Cornstach 30g
마늘Garlic 3g
소금Salt 약간
후추Pepper 약간

아메리칸소스 재료
바닷가재Lobster 500g
토마토Tomato 200g
양파Onion 50g
당근Carrot 30g
셀러리Celery 30g
버터Butter 60g
토마토페이스트Tomato Paste 100g
생선육수Fish Stock 1,000㎖
백포도주White Wine 100㎖l
코냑Cognac 20ml
통마늘Whole Bulb of Garlic 10g
월계수잎Bay Leaf 1잎
흰 통후추Whole Pepper(White) 5알
밀가루Flour 50g
소금Salt 약간
후추Pepper 약간

Method of cooking

재료 준비하기

1 바닷가재를 스팀에 쪄서 5㎜ 두께로 썬다.
2 감자는 1㎜ 두께로 얇게 썰어, 약한 소금물에 담근다.
3 당근, 애호박, 양파, 셀러리를 2×2㎜ 크기로 썬다.
4 아메리칸소스를 만든다.(부록 소스편 '아메리칸소스' 참고)

조리하기

1 끓는 물에 소금을 약간 넣고 썰어둔 당근, 애호박, 양파, 셀러리를 데쳐 물기를 제거한다.
2 썰어 소금물에 담가 둔 감자의 물기를 제거하고, 바닷가재를 감싼 후 전분을 살짝 묻혀 팬에 구운다.
3 아메리칸소스에 1번의 데쳐둔 채소를 넣고 끓인 후, 생크림을 넣고 살짝 끓여 소금, 후추로 간을 한다.

접시에 담기

접시에 소스를 먼저 깔고, 감자로 감싼 바닷가재를 가지런히 담고 소스를 곁들인다. 딜로 장식한다.

Roasted Sole Stuffed Shell-Fish

여러가지 갑각류를 곁들인 혀넙치요리와 버터소스

Roasted Sole Stuffed Shell-Fish

가니시 / 장식

토마토Tomato 5g
잣Pine Nut 2g

Ingredients

혀넙치Flatfish 200g
관자Scallop 50g
가재Crayfish 30g
토마토Tomato 5g
올리브오일Olive Oil 20㎖
마늘Garlic 5g
양파Onion 10g
백포도주White Wine 30㎖
버터Butter 10g
레몬즙Lemon Juice 5㎖
파슬리Parsley 2g
건포도Raisin 5g
양송이버섯Mushroom 5g
삿갓버섯Morille 5g
잣Pine Nut 2g
소금Salt 약간
후추Pepper 약간

버터소스 재료

양파Onion 10g
월계수잎Bay Leaf 1잎
파슬리줄기Parsley Stem 1g
식초Vinegar 10㎖
백포도주White Wine 30㎖
버터Butter 50g
생크림Fresh Cream 10㎖
통후추Whole Pepper 5알
소금Salt 약간
후추Pepper 약간

Method of cooking

재료 준비하기

1 혀넙치의 비늘을 제거하고, 등쪽으로 칼집을 넣어 양쪽으로 벌린다. 그리고 소금, 후추, 레몬즙, 백포도주로 간을 하여 재운다.
2 파슬리, 마늘, 양파는 곱게 다진다.
3 양송이버섯과 토마토를 작은 주사위 모양으로 썰고, 삿갓버섯을 작게 자른다.
4 관자는 손질하여 주사위 모양으로 썰고, 가재는 껍질을 제거한다.
5 버터소스를 만든다.(부록 소스편 '버터소스' 참고)
6 가니시용 토마토는 모양 있게 잘라 얇게 슬라이스를 한다.

조리하기

1 팬에 버터를 두르고 다진마늘과 양파를 볶다가 양송이, 삿갓버섯, 건포도, 잣을 넣고 볶는다. 그리고 관자와 가재를 넣고 볶으면서 백포도주로 졸인 후 소금, 후추, 레몬즙으로 간을 한다.
2 손질하여 재워둔 혀 넙치 속에 1번의 졸여둔 내용물을 채우고 스팀에서 쪄낸다.
3 만들어 둔 버터소스에 다진 파슬리와 토마토를 넣고 혼합한다.

접시에 담기

접시에 쪄낸 넙치를 담고, 버터소스를 곁들인다. 토마토 슬라이스와 잣으로 장식한다.

Tomato Herb Sauce with
Sea Bream Coved
Olive Encroute

올리브 앙쿠르트를 씌운 도미요리와 토마토 향초소스

Tomato Herb Sauce with Sea Bream Coved Olive Encroute

가니시 / 장식

바질Basil 1잎
차이브Chive 1줄기

Ingredients

도미Sea Bream 100g
백포도주White Wine 30㎖
토마토Tomato 20g
바질Basil 5g
차이브Chive 1줄기
처빌Chervil 1g
양파Onion 10g
마늘Garlic 5g
포도식초Wine Vinegar 10g
레몬즙Lemon Juice 5㎖
올리브오일Olive Oil 30㎖
빵가루Bread Crumbs 20g
버터Butter 20g
파마산치즈Parmesan Cheese 10g
블랙올리브Black Olive 40g
소금Salt 약간
후추Pepper 약간

Method of cooking

재료 준비하기

1 도미를 손질하여 적당한 크기로 잘라 소금, 후추, 레몬즙, 백포도주로 간을 한다.
2 마늘, 양파를 곱게 다지고, 토마토를 작은 주사위 모양으로 썬다.
3 바질, 차이브, 처빌을 곱게 썬다.
4 블랙 올리브를 곱게 다져 빵가루, 버터, 파마산치즈, 올리브오일, 다진바질을 넣고 잘 혼합한다.

조리하기

1 적당한 용기에 백포도주, 포도식초, 다진마늘, 양파, 토마토, 차이브, 처빌을 넣고 잘 혼합한 후, 올리브오일을 넣고 혼합하여 소금, 후추로 간을 한다.
2 달궈진 팬에 올리브오일을 두르고 센불에서 도미를 갈색이 나게 구워낸 다음, 재료 준비하기의 4번을 도미 위에 발라 살라망드에서 살짝 색을 낸다.

접시에 담기

접시에 소스를 깔고, 도미를 위에 얹어 바질과 차이브로 장식한다.

Tomato Sauce with Boiled Salmon, Flatfish on the Green Peas Mousse

완두콩무스 위에 광어와 연어찜에 토마토버터소스

Tomato Sauce with Boiled Salmon, Flatfish on the Green Peas Mousse

가니시 / 장식

서양냉이Cresson 1잎
베이비채소Baby Vegetable 약간
완두콩Pea 3알
토마토Tomato 5g

Ingredients

광어Halibut 40g
연어Salmon 40g
완두콩Pea 50g
양파Onion 30g
닭육수Chicken Stock 50㎖
생크림Fresh Cream 30㎖
백포도주White Wine 30㎖
토마토Tomato 20g
레몬즙Lemon Juice 3㎖
버터Butter 30g
마늘Garlic

서양냉이Watercress 1g
처빌Chervil 1g
파슬리Parsley 2g
포도식초Wine Vinegar 5㎖
통후추Whole Pepper 3알
월계수잎Bay Leaf 1잎
양송이버섯Mushroom 20g
매쉬포테이토Mash Potato 100g
소금Salt 약간
후추Pepper 약간

Method of cooking

재료 준비하기

1. 광어, 연어를 손질하여 가운데 손가락 굵기로 잘라 소금, 후추, 백포도주, 레몬즙으로 간을 한다.
2. 마늘은 곱게 다지고, 절반의 양파는 다진다. 그리고 나머지 절반은 작은 주사위 모양으로 썬다.
3. 양송이버섯을 가늘게 채를 썰고, 토마토는 씨를 제거하며 갈아두고 파슬리는 다진다.
4. 완두콩은 물에 불려두었다가 삶고, 가니시용 토마토는 작은 주사위 모양으로 자른다.

조리하기

1. 냄비에 마늘, 양파 다진 것을 볶다가 완두콩을 넣고 볶는다. 육수와 생크림을 넣고 끓여낸 다음, 믹서에 곱게 갈아 고운체에서 걸러 메쉬 포테이토와 혼합하여 완두콩무스를 만든다.
2. 냄비에 양파, 파슬리줄기 월계수잎, 통후추, 백포도주와 포도식초를 넣고 졸이다가, 생크림을 넣어 졸인 후 버터를 조금씩 넣으면서 녹인다. 고운체에서 걸러낸 후 갈아둔 토마토를 넣고 소금, 후추로 간을 하고 다진 파슬리를 넣어 혼합한다.(토마토 버터소스)
3. 광어와 연어를 땋듯이 트위스트하여 모양을 내고, 180℃로 예열된 오븐에서 15분 정도 구운다.

접시에 담기

접시 중앙에 완두콩무스를 깔고 위에 트위스트한 연어와 광어를 올려놓는다. 토마토 버터소스를 끼얹어 준 다음, 양송이 채썬 것, 서양냉이, 베이비채소, 완두콩, 토마토로 장식한다.

King Prawns and Paprika Sauce on the Chlorella Rice

클로렐라 밥 위에 왕새우요리와 파프리카소스

King Prawns and Paprika Sauce on the Chlorella Rice

가니시 / 장식
바질Basil 1잎

Ingredients

왕새우Jumbo Shrimp 3마리
쌀Rice 100g
클로렐라Chlorella 10g
마늘Garlic 5g
양파Onion 50g
버터Butter 20g
홍파프리카Red Paprika 50g
백포도식초White Wine Vinegar 10mℓ
올리브오일Olive Oil 30mℓ
닭육수Chicken Stock 100mℓ
백포도주White Wine 50mℓ
생크림Fresh Cream 50mℓ
바질Basil 1잎
소금Salt 약간
후추Pepper 약간

Method of cooking

재료 준비하기

1 새우 내장을 제거하고 배 부분을 갈라 소금, 후추, 백포도주, 다진바질, 올리브오일로 간을 한다.
2 마늘, 양파는 다지고, 쌀은 씻어 물에 충분히 불린다.
3 홍파프리카는 얇게 채를 썬다.

조리하기

1 달궈진 팬에 버터를 두르고 새우를 넣어 센불의 그릴에서 구운 다음, 180℃로 예열된 오븐에서 익힌다.
2 냄비에 버터를 두르고 다진마늘과 양파를 볶다가 백포도주로 졸여주고, 쌀과 클로렐라를 넣고 볶다가 닭육수를 조금씩 넣으면서 익혀준다. 생크림을 넣고 볶아 소금, 후추로 간하여 낸다.
3 냄비에 올리브오일을 두르고 다진마늘, 양파를 볶다가 홍파프리카를 넣고 볶은 후 백포도주와 포도식초를 넣고 졸인 다음 육수를 붓고 중불에서 끓인다. 믹서에 곱게 갈아 고운체에서 걸러 생크림을 넣고 한 번 더 끓인다.

접시에 담기

접시중앙에 클로렐라 밥을 모양 있게 놓고, 왕새우를 모양 있게 세운다. 홍파프리카소스를 곁들이고 바질로 장식한다.

Seafood in Tomato

토마토 속에 해물요리

Seafood in Tomato

가니시 / 장식
타임Thyme 1줄기

Ingredients

토마토Tomato 100g
광어Halibut 20g
연어Salmon 20g
관자Muscle 20g
모차렐라치즈Mozzarella Cheese 10g
파마산치즈Parmesan Cheese 5g
생크림Fresh Cream 30ml
양파Onion 10g
마늘Garlic 5g
바질Basil 2g
차이브찹Chopped Chive 2g
처빌Chervil 1줄기
백포도주White Wine 30mℓ
오렌지즙Orange Juice 30mℓ
올리브오일Olive Oil 10mℓ
레몬즙Lemon Juice 3mℓ
소금Salt 약간
후추Pepper 약간

토마토소스 재료
토마토Tomato 200g
토마토페이스트Tomato Paste 100g
버터Butter 50g
닭육수Chicken Stock 1.5L
베이컨Bacon 100g
양파Onion 100g
당근Carrot 100g
셀러리Celery 50g
마늘Garlic 50g
월계수잎Bay Leaf 1잎
파슬리줄기Parsley Stem 2g
통후추Whole Pepper 3알
소금Salt 약간
후추Pepper 약간

Method of cooking

재료 준비하기

1 토마토의 윗부분을 살짝 잘라내고, 속을 파낸 후 수분을 제거한다.
2 마늘, 양파, 차이브, 처빌을 곱게 다진다.
3 관자, 연어, 광어를 손질하여 1×1㎝의 크기로 주사위 모양으로 썬다.
4 토마토소스를 만든다.(부록 소스편 '토마토소스' 참고)

조리하기

1 팬에 올리브오일을 두르고 마늘과 양파를 볶다가 관자, 연어, 광어를 넣고 볶는다. 그리고 백포도주와 오렌지즙, 레몬즙을 넣고 졸인 다음, 생크림을 넣고 졸인 후 바질을 넣는다.
2 속을 파낸 토마토 안에 1번을 채우고, 위에 모차렐라치즈와 파마산치즈를 얹어 오븐에서 익힌다.

접시에 담기

접시에 토마토를 담고 토마토소스를 곁들인 후 다진 차이브와 처빌을 뿌려주고 타임으로 장식한다.

Salmon Steak with Black Mushroom and Cous Cous Garlic Cream Sauce

표고버섯을 곁들인 연어구이와 쿠스쿠스 마늘크림소스

Salmon Steak with Black Mushroom and Cous Cous Garlic Cream Sauce

가니시 / 장식

마늘Garilc 3g
당근Carrot 5g
페퍼민트Peppermint 1잎

Ingredients

연어Salmon 100g
표고버섯Shiitake Mushroom 20g
쿠스쿠스Cous Cous 50g
양파Onion 20g
청파프리카Green Paprika 10g
홍파프리카Red Paprika 10g
마늘Garlic 30g
생크림Fresh Cream 50㎖
차이브Chive 1줄기
바질Basil 1줄기
식초Vinegar 10㎖
올리브오일Olive Oil 20㎖
바질Basil 5g
백포도주White Wine 20㎖
레몬즙Lemon Juice 10㎖
소금Salt 약간
후추Pepper 약간
생선육수Fish Stock 50㎖

Method of cooking

재료 준비하기

1 연어를 손질하여 얇게 포를 떠서 소금, 후추, 레몬즙, 백포도주로 재워놓는다.
2 표고버섯을 깨끗이 씻어 얇게 채로 썬다.
3 약간의 마늘과 양파, 처빌, 차이브는 곱게 다진다.
4 당근, 홍·청파프리카를 2×2㎜ 크기로 썰어 데친다.
5 약간의 마늘은 끓는 물에 삶는다.
6 가니시용 마늘과 당근은 가늘게 채를 썰어 올리브오일에 튀긴다.

조리하기

1 팬에 마늘, 양파를 볶다가 표고버섯을 넣고 볶으면서 백포도주로 졸인 후 소금, 후추로 간을 한다.
2 쿠스쿠스를 끓는 물에 데쳐 물기를 제거한다. 그리고 데쳐놓은 청·홍파프리카를 혼합한 후, 올리브오일, 소금, 후추로 간을 한다.
3 연어에 1번을 채워 넣고 오븐에서 굽는다.
4 냄비에 오일을 두르고 마늘과 바질을 넣어 볶다가 백포도주로 졸인 후 생선육수를 넣어 졸이다가 생크림을 넣고 끓인 다음 믹서에 곱게 갈아 체에서 거른다.

접시에 담기

접시 중앙에 틀을 놓고 쿠스쿠스를 담은 뒤 모양을 잡는다. 그 위에 구운 연어를 올린 후, 마늘크림소스를 곁들인다. 마늘, 당근 튀긴 것과 페퍼민트로 장식한다.

Stuffed Seafood Cuttlefish Steak with Barbecue Sauce, King Oyster Mushroom

해산물을 채운 오징어구이와 바비큐소스, 새송이버섯요리

Stuffed Seafood Cuttlefish Steak with Barbecue Sauce, King Oyster Mushroom

가니시 / 장식

검정깨Black Sesame 2g
애호박Squash 3g
베이비채소Baby Vegetable 약간

Ingredients

오징어Squid 100g
주꾸미Webfoot Octopus 50g
오양맛살Crab Stick 20g
칵테일새우Cocktail Shrimp 30g
청파프리카Green Paprika 10g
홍파프리카Red Paprika 10g
표고버섯Shiitake Mushroom 10g
블랙올리브Black Olive 10g
레몬즙Lemon Juice 10㎖
양파Onion 30g
마늘Garlic 10g
올리브오일Olive Oil 50㎖
백포도주White Wine 50㎖
새송이버섯King Oyster Mushroom 30g
전분Starch 30g
소금Salt 약간
후추Pepper 약간

바비큐소스 재료

토마토케첩Tomato Ketchup 100g
양파Onion 30g
마늘Garlic 10g
우스타소스Worcester Sauce 10㎖
겨자소스Mustard Sauce 10㎖
식초Vinegar 10㎖
백포도주White Wine 50㎖
흑설탕Brown Sugar 30g
설탕시럽Sugar Syrup 10㎖
케니언페퍼Cayenne Pepper 5g
닭육수Chicken Stock 400㎖
올리브오일Olive Oil 20㎖
소금Salt 약간
후추Pepper 약간

Method of cooking

재료 준비하기

1 오징어껍질을 제거하고, 곱게 칼집을 넣는다.
2 주꾸미는 손질하여 2㎝ 크기로 잘라두고, 칵테일새우는 내장과 껍질을 제거하여 1㎝ 크기로 자른다.
3 오양맛살은 결대로 찢는다.
4 마늘과 양파는 곱게 다지고, 청·홍파프리카, 표고버섯, 블랙올리브를 채를 썬다.
5 비비큐소스를 만든다.(부록 소스편 '바비큐소스' 참고)
6 새송이버섯을 5㎜ 두께로 썰어 소금, 후추로 간을 한 뒤, 전분에 묻혀 팬에서 굽는다.
7 가니시용 애호박은 작은 주사위 모양으로 썬다.

조리하기

1 팬에 올리브오일을 두르고 마늘과 양파를 볶다가 청·홍파프리카, 표고버섯, 블랙올리브를 넣어 같이 볶는다. 그리고 백포도주를 넣고 졸인 후 소금, 후추로 간을 한다.
2 팬에 올리브오일을 두르고 마늘과 양파를 볶는다. 그리고 주꾸미, 칵테일새우, 오양맛살을 함께 볶다가 백포도주를 넣고 졸인 후 레몬즙, 소금, 후추로 간을 한다.
3 1번과 2번을 혼합한 다음, 오징어에 놓고 말아 실로 묶어 오븐에서 구운다.

접시에 담기

구워진 오징어를 썰어 접시에 담고, 바비큐소스를 뿌린다. 새송이버섯요리를 곁들여주고, 검정깨와 살짝 데친 애호박을 모양 있게 뿌린 후, 베이비채소로 장식한다.

Olive Vinegar Sauce with Stuffed Mussel, Mushroom in the Sea Bream

홍합과 버섯으로 속을 채운 도미살요리와 올리브 식초소스

Olive Vinegar Sauce with Stuffed Mussel, Mushroom in the Sea Bream

가니시 / 장식
처빌Chervil 1잎

Ingredients

도미Sea Bream 80g
홍합Mussel 30g
양송이Mushroom 10g
표고버섯Shiitake Mushroom 10g
게살Crab Meat 10g
생크림Fresh Cream 30㎖
백포도주White Wine 30㎖
레몬즙Lemon Juice 10㎖
마늘Garlic 5g
올리브오일Olive Oil 20㎖
양파Onion 10g
백포도식초White Wine Vineger 40㎖
바질Basil 5g
파슬리Parsley 5g
블랙올리브Black Olive 10g
그린올리브Green Olive 10g
소금Salt 약간
후추Pepper 약간

Method of cooking

재료 준비하기

1 도미는 손질하여 얇게 칼집을 넣고 소금, 후추, 백포도주, 레몬즙으로 재운다.
2 홍합, 양송이, 표고버섯은 작은 주사위 모양으로 썬다.
3 게살은 곱게 찢는다.
4 바질, 파슬리, 마늘, 양파를 다지고, 블랙, 그린 올리브를 3×3㎜ 크기로 썬다.

조리하기

1 팬에 올리브오일을 두르고, 마늘, 양파 다진 것을 넣고 볶다가 양송이, 표고버섯을 넣고 볶는다. 그리고 홍합, 게살을 넣고 볶은 다음 백포도주를 첨가하여 졸이다가 생크림을 넣고 졸인다.
2 손질한 도미에 1번 내용물을 채워 스팀에 쪄낸다.
3 팬에 올리브오일을 두르고, 마늘, 양파다진 것을 넣고 볶다가 블랙, 그린 올리브를 넣어 볶는다. 그리고 백포도주와 포도식초를 넣고 바질, 파슬리, 소금, 후추로 간을 하여 끓인다.

접시에 담기

접시 중앙에 도미를 놓고, 올리브식초소스를 뿌려준다. 처빌로 장식한다.

INTERNATIONAL Western Cooking

메인요리

Raisins Cream Sauce and Beef Tenderloin Steak
Chicken Croquettes Made of Carrot with Raisins and Coriander Sauce
Stuffed Duck with Raisins
Reduce wine and Honey with Duck Breast and Dill Seed Sauce
Stuffed Pumpkin with Baby Chicken
Chicken Breast and Vegetable with Fresh Mango Sauce
Chicken Breast with Cheese and Ham
Chicken Stuffed with Jujube Cream
Prime Sirloin Steak Mexico Style
Saesongi Mushrooms and Chicken Tenderloin Skewers
Lamb Loin Stuffed with Beef Lung
Grilled Lamb Chop with Garlic Cream Sauce
Mushrooms Cooked in Beef
Chicken with Supreme Sauce
Beef Stroganoff with Mushroom Sauce
Fillet of Beef Steak with Red Pepper Sauce
Fillet of Beef Steak with Lamb Loin and Mustard Sauce
Millet Seed Butter Sauce with Lobster and Fillet of Beef Steak
Chicken in the Mushroom with Tomato Sauce
Chicken Bulgogi Steak

Raisins Cream Sauce and Beef Tenderloin Steak

건포도 크림소스와 최상급 소고기안심스테이크

Raisins Cream Sauce and Beef Tenderloin Steak

가니시 / 장식

당근Carrot 20g
애호박Squash 20g
무White Radish 20g
타라곤Tarragon 1줄기

Ingredients

소고기안심Beef Tenderloin 150g
건포도Raisin 50g
양파Onion 20g
데미그라스소스Demi-Glace Sauce 80㎖
포트와인Port Wine 100㎖
생크림Fresh Cream 30㎖
올리브오일Olive Oil 5㎖
설탕Sugar 2g
소금Salt 약간
후추Pepper 약간

Method of cooking

재료 준비하기

1 소고기안심에 소금, 후추로 간을 하고, 올리브오일을 살짝 발라놓는다.
2 양파를 곱게 다지고, 건포도를 곱게 썰어 준비한다.
3 생크림은 20㎖만 휘핑시켜 놓는다.
4 가니시용 당근, 애호박, 무는 샤또로 깎아 끓는 물에 데쳐 준비한다.

조리하기

1 냄비에 올리브오일을 두르고 양파를 연한 갈색이 나게 볶는다. 그리고 건포도 곱게 다진 것을 넣고 볶은 후, 포트와인을 넣고 졸인 다음 데미그라스소스를 넣고 믹서에서 곱게 갈아 건포도소스를 만든다.
2 끓는 물에 데쳐 준비한 당근, 호박, 무를 설탕, 소금, 후추로 간을 하여 볶다가, 생크림 10㎖를 넣고 졸여준다.(가니시 야채)
3 소고기안심을 팬에 기름을 두르고 잘 구워서 낸다.

접시에 담기

접시에 구워진 안심스테이크를 놓고 위에 건포도소스를 뿌리고 휘핑한 생크림을 곁들인다. 그리고 준비한 가니시 야채를 곁들인 후 타라곤으로 장식한다.

Chicken Croquettes Made of Carrot with Raisins and Coriander Sauce

당근과 건포도로 만든 치킨 크로켓과 코리안더소스

Chicken Croquettes Made of Carrot with Raisins and Coriander Sauce

가니시 / 장식

건포도Raisin 5g
코리안더Coriander 1g

Ingredients

닭가슴살Chicken Breast 100g
건포도Raisin 50g
양파Onion 30g
당근Carrot 30g
빵가루Bread Crumb 50g
달걀Egg 60g
밀가루Flour 50g
닭육수Chicken Stock 80㎖
생크림Fresh Cream 50㎖
백포도주White Wine 50㎖
올리브오일Olive Oil 100㎖
코리안더Coriander 2g
소금Salt 약간
후추Pepper 약간

Method of cooking

재료 준비하기

1 닭가슴살을 곱게 갈아 준비한다.
2 건포도와 당근, 양파를 곱게 다져 준비한다.
3 코리안더를 곱게 다져 준비한다.

조리하기

1 팬에 올리브오일을 두르고 건포도, 양파, 당근을 볶은 다음, 갈아놓은 닭가슴살과 잘 혼합한다.
2 적당한 크기로 예쁜 모양을 만들어 밀가루, 달걀, 빵가루 순으로 튀김옷을 입힌 다음 팬에서 구운다.
3 냄비에 올리브오일을 두르고 다신양파를 볶다가 코리안더와 백포도주를 넣고 졸인다. 그리고 닭육수를 붓고 끓이다가 생크림을 넣고 졸인 다음, 믹서에 곱게 갈아 소금, 후추로 간을 한다.(소스 만들기)

접시에 담기

접시 중앙에 닭가슴살 크로켓을 담고 소스를 곁들인 후, 건포도와 코리안더로 장식한다.

Stuffed Duck with Raisins

건포도로 속을 채운 오리요리

Stuffed Duck with Raisins

가니시 / 장식

자몽Grapefruit ¼쪽
타라곤Tarragon 1줄기

Ingredients

오리가슴살Duck Breast 120g
건포도Raisin 50g
양파Onion 20g
토마토Tomato 20g
적포도주Red Wine 30mℓ
데미그라스소스Demi-Glace Sauce 80mℓ
올리브오일Olive Oil 30mℓ
코리안더Coriander 5g
소금Salt 약간
후추Pepper 약간

Method of cooking

재료 준비하기

1 오리가슴살은 잘 손질하여 소금, 후추, 올리브오일로 간을 한다.
2 양파와 건포도, 코리안더를 곱게 다진다.
3 토마토를 뜨거운 물에 데쳐 껍질과 씨를 제거한 후, 작은 주사위 모양으로 썬다.
4 가니시용 자몽은 껍질을 제거한 뒤, 모양 있게 썬다.

조리하기

1 팬에 올리브오일을 두르고 양파를 볶다가 건포도를 넣어 볶으면서 적포도주를 넣고 졸인다.
2 달궈진 팬에 오리가슴살을 넣어 색을 낸 다음, 칼집을 넣어 1번의 절반을 채워 넣는다. 그리고 실로 묶어 180℃로 예열된 오븐에서 20분 정도를 구운다.
3 냄비에 적포도주를 붓고 졸인 후, 준비한 토마토와 남은 1번의 절반과 데미그라스소스를 넣고 끓여 내릴 무렵 코리안더를 첨가해 향을 낸다.

접시에 담기

오리를 얇게 썰어 접시에 담고 소스를 곁들인 후, 자몽과 타라곤으로 장식한다.

Reduce wine and Honey with Duck Breast and Dill seed sauce

꿀과 포도주에 졸인 오리가슴살과 딜씨드소스

Reduce wine and Honey with Duck Breast and Dill Seed Sauce

가니시 / 장식

로즈마리Rosemary 1줄기
오렌지제스트Orange Zest 10g

Ingredients

오리가슴살Duck Breast 120g
적포도주Red Wine 100㎖
양파Onion 30g
통후추Whole Pepper 5알
타임Thyme 1g
딜씨드Dill Seed 1g
꿀Honey 50g
마늘Garlic 5g
오렌지껍질Orange Peel 15g
레몬껍질Lemon Peel 5g
오렌지즙Orange Juice 30㎖
데미그라스소스Demi-Glace Sauce 30㎖
월계수잎Bay Leaf 1잎
버터Butter 20g
소금Salt 약간
후추Pepper 약간

Method of cooking

재료 준비하기

1 오리가슴살은 손질하고, 양파는 1㎝ 크기로 채를 썬다.
2 레몬껍질, 오렌지껍질은 얇고 가늘게 썬다.
3 적당한 용기에 적포도주, 꿀, 양파, 통후추, 마늘, 월계수잎, 타임을 넣고 혼합한 다음, 손질한 오리가슴살을 12시간 동안 재워놓는다.

조리하기

1 팬에 재워둔 오리가슴살을 넣고 갈색이 나게 굽다가, 재웠던 소스를 넣고 익힌다.
2 팬에 버터를 두르고 딜씨드를 볶아준다.
3 냄비에 데미그라스소스를 넣고 끓이면서, 오리를 재웠던 남은 소스를 붓고 끓이다가 고운체에서 내린다. 그리고 볶은 딜씨드를 넣고 졸인 후 소금, 후추로 간을 하고 버터를 녹인다.(소스 만들기)
4 오렌지껍질과 레몬껍질을 끓는 물에 2번 데쳐 낸 후, 꿀을 넣고 졸인다.(오렌지제스트)

접시에 담기

오리를 얇게 썰어 접시에 담고, 딜씨드소스를 곁들인 후 오렌지제스트를 올려놓는다.

Stuffed Pumpkin with Baby Chicken

단호박으로 속을 채운 영계요리

Stuffed Pumpkin with Baby Chicken

가니시 / 장식
인삼Ginseng 1뿌리
대추Jujube 3g

Ingredients

닭가슴살Chicken Breast 100g
단호박Sweet Pumpkin 20g
시금치Spinach 10g
양송이Mushroom 20g
생크림Fresh Cream 30㎖
우유Milk 20㎖
올리브오일Olive Oil 30㎖
양파Onion 20g
백포도주White Wine 30㎖

인삼Ginseng 5g
계피Cinnamon 5g
감초Licorice 5g
대추Jujube 10g
마늘Garlic 5g
데미그라스소스Demi-Glace Sauce 50㎖
물Water 100㎖
소금Salt 약간
후추Pepper 약간

Method of cooking

재료 준비하기

1 마늘과 양파는 다져두고, 단호박은 껍질을 벗긴 후 1×1㎝ 크기, 2㎜ 두께로 썬다. 양송이는 절반을 잘라 2㎜ 두께로 썬다.
2 시금치는 잎만 따서 끓는 물에 살짝 데친 후, 찬물에 식혀 물기를 제거하고 썬다.
3 인삼은 깨끗이 씻어 5㎜ 두께로 썰고, 대추, 계피, 감초를 깨끗이 씻어 준비한다.
4 닭가슴살은 칼로 얇게 포를 뜬다. 도마 위에 두고 비닐이나 랩으로 덮어 고기망치나 칼등으로 두들기면서 골고루 펴준 후 소금, 후추, 백포도주, 우유로 재워놓는다.
5 가니시용 인삼은 올리브오일에 살짝 튀긴다.

조리하기

1 팬에 올리브오일을 두르고 다진마늘과 양파를 볶다가 썰어놓은 단호박과 시금치, 양송이를 넣어 볶는다. 백포도주를 넣고 졸인 다음, 생크림을 넣고 졸인 후 소금, 후추로 간을 한다.
2 두들겨 둔 닭가슴살에다가 1번을 적당히 놓고 닭가슴살을 보자기 싸듯 감싼 다음, 팬에서 갈색이 나도록 구운다.
3 냄비에 인삼, 대추, 계피, 감초를 넣어 물을 붓고 끓여 우려낸다.(소스 만들기)
4 팬에 데미그라스소스를 졸이다가 3번을 넣고 졸인다.(소스 만들기)

접시에 담기

접시 중앙에 구운 닭가슴살을 놓고, 소스를 곁들여준다. 대추를 잘게 썰어 뿌려주고, 인삼 튀긴 것으로 장식한다.

Chicken Breast and Vegetable with Fresh Mango Sauce

닭가슴살과 야채요리에 상큼한 망고소스

Chicken Breast and Vegetable with Fresh Mango Sauce

Ingredients

닭가슴살Chicken Breast 100g
당근Carrot 30g
애호박Squash 30g
마늘Garlic 5g
양파Onion 10g
바질Basil 3g
올리브오일Olive Oil 30㎖

백포도주White Wine 30㎖
생크림Fresh Cream 20㎖
우유Milk 20㎖
닭육수Chicken Stock 30㎖
망고Mango 50g
소금Salt 약간
후추Pepper 약간

Method of cooking

재료 준비하기

1 마늘과 양파, 바질은 다져두고, 애호박, 당근은 가늘게 채를 썬다.
2 망고는 채를 썬다.
3 닭가슴살을 얇게 편 다음 소금, 후추, 바질, 백포도주, 우유로 재워놓는다.

조리하기

1 팬에 올리브오일을 두르고 다진마늘과 양파를 넣고 볶다가 당근을 볶으면서 백포도주와 소금, 후추로 간을 한다.
2 애호박도 1번과 같은 방법으로 볶아준다.
3 닭가슴살에 볶은 당근을 놓고, 다시 닭가슴살을 놓는다. 그리고 볶은 애호박을 놓고, 닭가슴살로 덮은 다음 랩으로 감싸 스팀에 찐다.
4 팬에 올리브오일을 두르고 다진마늘과 양파를 볶다가 망고를 넣고 볶은 후 백포도주로 졸인다. 닭육수와 생크림을 넣고 끓여주고 소금, 후추로 간을 하여 믹서에 갈아 고운체에서 걸러준다.(소스 만들기)

접시에 담기

적당한 크기로 잘라 접시에 모양 있게 담고, 망고소스를 곁들인다.

Chicken Breast with Cheese and Ham

닭가슴살 속에 치즈와 햄요리

Chicken Breast with Cheese and Ham

가니시 / 장식
차이브Chive 1줄기
식용꽃Edible Flower 1개

Ingredients

닭가슴살Chicken Breast 100g
아메리칸치즈American Cheese 30g
햄Ham 30g
달걀Egg 60g
밀가루Flour 50g
빵가루Bread Crumb 50g
백포도주White Wine 30㎖
우유Milk 20㎖
생크림Fresh Cream 30㎖

버터Butter 30g
올리브오일Olive Oil 30㎖
닭육수Chicken Stock 30㎖
양파Onion 10g
마늘Garlic 5g
카레파우더Curry Powder 1g
소금Salt 약간
후추Pepper 약간

Method of cooking

재료 준비하기

1 마늘, 양파는 다져둔다.
2 닭가슴살을 얇게 펴서 소금, 후추, 백포도주, 우유에 재워놓는다.
3 햄과 치즈를 1.5×1.5㎝ 크기, 2㎜ 두께로 자른다.

조리하기

1 펴둔 닭가슴살에 햄과 치즈를 층층이 쌓아올려 감싸준다.
2 밀가루, 달걀, 빵가루 순으로 옷을 입힌 다음, 팬에 올리브오일과 버터를 넣고 튀기듯이 구워 색을 낸다.
3 팬에 올리브오일을 두르고 다진마늘과 양파, 카레파우더를 넣고 볶다가 백포도주를 넣고 졸인 다음, 닭육수를 넣고 졸여주고 생크림을 넣어 끓인다. 소금, 후추로 간을 하여 고운체에서 거른다.(소스 만들기)

접시에 담기

모양 있게 잘라 접시에 담고, 생크림 카레소스를 곁들인 후 차이브와 식용꽃으로 장식한다.

Chicken Stuffed with Jujube Cream

대추크림으로 속 채운 닭요리

Chicken Stuffed with Jujube Cream

가니시 / 장식
오레가노Oregano 1줄기
대추방울토마토Cherry Tomato 2개

Ingredients

닭가슴살Chicken Breast 100g
대추Jujube 50g
홍파프리카Red Paprika 30g
마늘Garlic 5g
타임Thyme 1g
대파줄기Leek Stem 10g
생크림Fresh Cream 30㎖
백포도주White Wine 30㎖
우유Milk 20㎖
닭육수Chicken Stock 50㎖
올리브오일Olive Oil 100㎖
버터Butter 20g
소금Salt 약간
후추Pepper 약간

Method of cooking

재료 준비하기

1 닭가슴살을 넓게 펴서 소금, 후추, 백포도주, 우유에 재운다.
2 대추를 삶아 고운체에서 내려 졸인다.
3 마늘은 으깨어 놓고, 대파는 흰부분의 줄기를 준비하고, 홍파프리카는 깨끗이 씻어놓는다.
4 가니시용 대추방울토마토는 끓는 물에 살짝 익혀 껍질을 벗긴다.

조리하기

1 올리브오일에 통마늘과 대파줄기, 타임줄기를 넣고 홍파프리카를 넣어 약한 불에서 익힌다. 그리고 홍파프리카의 껍질을 벗긴 다음, 약한 불의 오븐에서 말린다.
2 펴 둔 닭가슴살 위에 1번의 홍파프리카를 놓는다. 그리고 졸인 대추를 위에 바르고 김밥 말듯이 말아 실로 묶은 다음, 팬에서 구운 후 오븐에서 익힌다.
3 졸인 대추에 닭육수와 생크림을 넣고 졸인 후, 버터를 넣는다.

접시에 담기

닭가슴살을 썰어서 접시에 모양 있게 담아 대추크림소스를 곁들인다. 대추방울토마토와 오레가노로 장식한다.

Prime Sirloin Steak
Mexico Style

멕시코풍의 소고기등심 스테이크

Prime Sirloin Steak Mexico Style

가니시 / 장식

통마늘Whole Bulb of Garlic 반쪽
타임Thyme 1줄기
로즈마리Rosemary 1줄기
브로콜리Broccoli 10g

Ingredients

소고기등심Beef Sirloin 150g
올리브오일Olive Oil 20mℓ
포트와인Port Wine 50mℓ
데미그라스소스Demi-Glace Sauce 30mℓ
핫소스Hot Sauce 1mℓ
타바스코소스Tabasco Sauce 1mℓ
버터Butter 20g
감자Potato 20g
당근Carrot 20g

마늘Garlic 5g
양파Onion 10g
청파프리카Green Paprika 10g
홍파프리카Red Paprika 10g
토마토쿨리Tomato Coulis 30g
브로콜리Broccoli 10g
순무Turnip 20g
소금Salt 약간
후추Pepper 약간

Method of cooking

재료 준비하기

1 소고기등심을 소금, 후추, 올리브오일로 재워놓는다.
2 감자, 당근, 순무를 깨끗이 씻어 껍질을 제거한다. 그리고 깎아서 모양을 낸 후 끓는 물에 데친다.
3 청·홍파프리카는 채를 썰어두고, 브로콜리는 작게 손질하여 끓는 물에 데친다.
4 마늘, 양파는 다져서 놓는다.
5 장식용 통마늘은 오븐에서 보기 좋게 구운다.

조리하기

1 달궈진 팬에 올리브오일을 두르고 소고기등심을 센불에서 갈색을 낸 다음, 오븐에서 구워낸다.
2 팬에 올리브오일을 두르고 다진마늘과 양파를 볶다가 청·홍파프리카를 볶으면서 토마토쿨리와 핫소스, 타바스코소스를 넣어서 졸여준다.
3 팬에 올리브오일을 두르고 감자, 당근, 순무를 넣어 볶다가 포트와인으로 졸이면서 소금, 후추로 간을 한다.
4 팬에 올리브오일을 두르고 다진마늘과 양파를 볶다가 포트와인을 넣어 졸인다. 그리고 데미그라스소스를 넣고 졸인 후 고운체에서 내린 다음 버터를 넣어 녹여준다.

접시에 담기

접시 중앙에 조리하기 2번 소스를 깔고 구운 소고기등심을 올린 후, 조리하기 3번을 접시 가장자리에 모양 있게 곁들이고, 등심 위에 조리하기 4번 소스를 끼얹어준다. 구운 통마늘과 브로콜리, 타임, 로즈마리로 장식한다.

Saesongi Mushrooms and Chicken Tenderloin Skewers

새송이버섯과 닭 안심 꼬치요리

Saesongi Mushrooms and Chicken Tenderloin Skewers

Ingredients

닭 안심Chicken Tenderloin 100g
새송이버섯King Oyster Mushroom 20g
양파Onion 40g
실파Small Green Onion 20g
불갈비 양념소스Bulgalbi Seasoning Sauce 100㎖
진간장Soy Sauce 50㎖
물Water 200㎖
흑설탕Brown Sugar 50g
대파Leek 20g
통마늘Whole Bulb of Garlic 20g
배Pear 80g
사과Apple 60g
통생강Ginger 5g
통후추Whole Pepper 4알
전분Starch 10g
소금Salt 약간
후추Pepper 약간

Method of cooking

재료 준비하기

1 닭 안심을 손질하여 6㎝ 길이로 자른다.
2 새송이버섯, 양파(20g), 실파를 6㎝ 길이로 자른다.

조리하기

1 닭 안심을 불갈비 양념소스에 4시간 정도 재워두었다가 꼬챙이에 새송이버섯, 닭 안심, 잘라둔 양파(20g), 닭 안심, 실파 순서대로 꽂고 팬에서 구워낸다.
2 냄비에 진간장, 물, 흑설탕을 넣고 저어주면서 대파, 양파, 통마늘, 배, 사과, 통생강, 통후추를 넣고 센불에서 끓인다. 그리고 끓으면 약한 불로 줄여 30분 정도를 더 졸여준다.
3 2번을 고운체로 걸러놓고, 전분을 넣어 농도를 조절한다.

접시에 담기

접시에 닭 안심 꼬치를 담고 소스를 곁들여서 낸다.

Lamb Loin
Stuffed with Beef Lung

소 허파로 속을 채운 양등심요리

Lamb Loin Stuffed with Beef Lung

가니시 / 장식

엔다이브Endive 5g
당근Carrot 10g
애호박Squash 10g
순무Turnip 10g
마조람Marjoram 1줄기

Ingredients

양 등심Lamb Loin 150g
소 허파Beef Lung 80g
우유Milk 250㎖
타임Thyme 5g
올리브오일Olive Oil 50㎖
밀가루Flour 30g
버터Butter 20g
월계수잎Bay Leaf 1잎

데미그라스소스Demi-Glace Sauce 80㎖
포트와인Port Wine 20㎖
양파Onion 20g
대파Leek 50g
마늘Garlic 10g
흰 통후추Whole Pepper(White) 5g
소금Salt 약간
후추Pepper 약간

Method of cooking

재료 준비하기

1 소 허파는 우유 150㎖와 타임, 월계수잎, 대파, 마늘, 흰 통후추에 4시간 정도 재운다.
2 양 등심은 손질하여 넓게 편 다음, 올리브오일과 마늘, 타임으로 재운다.
3 냄비에 우유 100㎖를 담고 양파에 정향을 꽂아 약한 불에서 살짝 끓인다.
4 가니시용 당근, 애호박, 순무를 깎아서 모양을 낸 후 끓는 물에 데친다.

조리하기

1 재어 둔 소 허파를 끓는 물에 한 번 데쳐 낸 다음, 다시 물을 붓고 은근한 불에서 2시간 정도를 삶는다.
2 삶아진 소 허파의 힘줄을 제거하고, 김밥 속처럼 길게 사각으로 잘라놓는다.
3 팬에 버터를 녹이고 색이 나지 않게 밀가루를 볶다가, 준비한 3번의 우유를 넣어 혼합한다. 그리고 소금, 후추로 간을 한다.
4 재어 둔 양 등심에 3번의 베샤멜소스를 바른다. 그리고 2번의 소 허파를 가지런히 얹고 말아 실로 묶은 다음, 팬에서 갈색을 낸 다음 오븐에서 구운다.
5 팬에 올리브오일을 두르고 마늘을 볶다가 포트와인을 넣고 졸인다. 그리고 데미그라스소스를 넣고 한 번 더 끓인 다음 고운체에서 걸러 소금, 후추로 간을 한다.

접시에 담기

구워진 양 등심을 적당한 크기로 잘라 접시에 모양이 있게 담고 소스를 곁들인다. 당근, 애호박, 순무를 곁들여 내고, 마조람, 엔다이브로 모양을 낸다.

Grilled Lamb Chop with Garlic Cream Sauce

양갈비와 마늘크림소스

Grilled Lamb Chop with Garlic Cream Sauce

가니시 / 장식

아스파라거스Asparagus 1줄기
오레가노Oregano 1줄기
타라곤Tarragon 1줄기

Ingredients

양갈비Lamb Chop 250g
블랙올리브Black Olive 30g
머스터드Mustard 20g
마늘Garlic 20g
버터Butter 20g
백포도주White Wine 10㎖
생크림Fresh Cream 20㎖

닭육수Chicken Stock 100㎖
토마토Tomato 5g
차이브Chive 1g 혹은 1줄기
올리브오일Olive Oil 30㎖
데미그라스소스Demi-Glace Sauce 60㎖
소금Salt 약간
후추Pepper 약간

Method of cooking

재료 준비하기

1 블랙올리브와 마늘 1개를 곱게 다진다.
2 양갈비에 소금, 후추로 간을 한 다음 올리브오일을 바른다.
3 토마토는 콩카세 하고 차이브는 곱게 다진다.

조리하기

1 다져놓은 블랙올리브와 마늘에 머스터드와 버터를 혼합한다.
2 달궈진 팬에 양갈비를 센불에서 갈색을 낸 다음, 1번 소스를 위에 바르고 살라망드에서 굽는다.
3 준비한 소스 재료들로 마늘크림소스를 만든다.(부록 소스편 '마늘크림소스' 참조)

접시에 담기

접시에 구운 양갈비와 아스파라거스, 오레가노, 타라곤을 올려놓고, 마늘크림소스를 곁들여 준다.

Mushrooms Cooked in Beef

소고기 속에 버섯요리

Mushrooms Cooked in Beef

가니시 / 장식
바질Basil 1잎

Ingredients

소고기방심Beef Rump 100g
표고버섯Shiitake Mushroom 10g
팽이버섯Enoki Mushroom 10g
새송이버섯King Oyster Mushroom 10g
바질Basil 5g
마늘Garlic 5g
양파Onion 10g
빵가루Bread Crumb 50g
달걀Egg 60g
밀가루Flour 50g
올리브오일Olive Oil 20㎖
데미그라스소스Demi-Glace Sauce 80㎖
소금Salt 약간
후추Pepper 약간

Method of cooking

재료 준비하기

1 소고기를 두들겨 얇게 펴준 다음 소금, 후추로 간을 하여 준비한다.
2 표고버섯, 새송이버섯, 바질을 가늘게 썰어 준비한다.
3 마늘과 양파는 다진다.

조리하기

1 팬에 올리브오일을 두르고 다진마늘과 양파를 볶다가 표고, 새송이, 팽이버섯을 넣고 볶은 후 바질을 첨가하여 살짝 볶아낸다.
2 얇게 편 소고기에 1번의 버섯 볶은 것을 적당히 올려놓고 감싼 다음, 밀가루, 달걀, 빵가루 순서대로 입혀 팬에서 튀긴다.(버섯 볶은 것은 가니시용으로 쓰이기 때문에 조금은 남겨둔다)
3 팬에 올리브오일을 두르고 다진마늘과 양파를 볶다가 데미그라스소스를 넣고 졸인 후 체에서 거른다.

접시에 담기

튀겨낸 소고기를 먹기 좋게 잘라 접시에 놓고, 소스를 곁들인다. 버섯 볶아놓은 것을 가니시로 살짝 곁들이고 바질로 장식한다.

Chicken with Supreme Sauce

슈프림소스와닭요리

Chicken with Supreme Sauce

가니시 / 장식

애호박Squash 10g
감자Potato 10g
방울토마토Cherry Tomato 1개
배추Chinese Cabbage 1잎
세이지Sage 1줄기

Ingredients

닭다리살Chicken Leg Quarter 100g
닭가슴살Chicken Breast 80g
옥수수Corn 20g
완두콩Pea 20g
양파Onion 10g
당근Carrot 10g
셀러리Celery 5g
생크림Fresh Cream 50㎖
백포도주White Wine 50㎖

젤라틴Gelatin 10g
월계수잎Bay Leaf 1잎
닭육수Chicken Stock 100㎖
밀가루Flour 15g
버터Butter 25g
레몬즙Lemon Juice 약간
소금Salt 약간
후추Pepper 약간

Method of cooking

재료 준비하기

1 닭다리살의 뼈를 제거하고 얇게 펴서 소금, 후추, 백포도주로 간을 하여 재어놓는다.
2 닭가슴살과 양파, 당근, 셀러리를 주사위 모양으로 썰어 용기에 담고, 백포도주, 월계수잎, 소금, 후추로 간을 하여 4시간 정도를 재어놓는다.
3 가니시용 애호박, 감자는 껍질을 제거한 뒤 모양 있게 잘라 끓는 물에 한 번 데쳐둔다. 그리고 배추도 역시 모양 있게 다듬어 끓는 물에 재빨리 데친다.

조리하기

1 재어둔 닭가슴살만 믹서에 곱게 갈아 생크림을 넣어가며 혼합시킨다.
2 곱게 갈아진 1번에 완두콩과 옥수수를 넣고 젤라틴분말을 혼합하여 소금, 후추로 간을 한다. 그리고 얇게 펴둔 닭다리살 위에 적당량을 놓고 김밥 말듯이 말아 랩으로 감싼 다음, 쿠킹호일로 다시 한번 감싸 95℃ 온도의 스팀에서 익힌다.
3 냄비에 버터 12g를 넣고 밀가루를 색이 나지 않게 볶다가, 닭육수와 월계수잎을 넣어 끓인다. 그리고 생크림을 조금씩 부어 잘 혼합하고, 버터 13g과 레몬즙을 첨가하여 고운체에서 거른 다음 소금, 후추로 간을 하여 슈프림소스를 만든다.

접시에 담기

익힌 닭다리살을 썰어서 접시에 모양 있게 놓고, 슈프림소스를 곁들인다. 가니시용 야채들을 곁들이고 방울토마토와 세이지로 장식한다.

Beef Stroganoff with Mushroom Sauce

스트로가노프와 양송이소스

Beef Stroganoff with Mushroom Sauce

가니시 / 장식
양송이버섯Mushroom 5g
파슬리Parsley 1g

Ingredients

소고기안심Beef Tenderloin 100g
밀가루Flour 50g
케니언페퍼Cayenne Pepper 20g
버터Butter 20g
데미그라스소스Demi-Glace Sauce 80㎖
마늘Garlic 5g
양파Onion 15g
양송이버섯Mushroom 50g
토마토페이스트Tomato Paste 20g
백포도주White Wine 20㎖
청파프리카Green Paprika 10g
홍파프리카Red Paprika 10g
소금Salt 약간
후추Pepper 약간

Method of cooking

재료 준비하기

1 소고기안심을 손가락 길이와 굵기로 썬다.
2 밀가루와 케니언 페퍼를 혼합한다.
3 마늘과 파슬리는 다져두고, 양파와 양송이, 청·홍파프리카를 채로 썬다.

조리하기

1 썰어놓은 소고기안심을 혼합한 밀가루와 케니언페퍼에 굴린 다음 손으로 비벼둔다.
2 팬에 버터를 두르고 다진마늘을 볶다가 양송이를 넣고 볶은 다음, 백포도주를 넣어 졸인다. 그리고 토마토페이스트를 넣어 볶은 후 데미그라스소스를 넣어 살짝 끓여준다.
3 팬에 버터를 두르고 다진마늘을 볶다가 양파와 청·홍파프리카를 볶은 후, 백포도주를 넣어 졸인다. 그리고 1번 소고기안심을 함께 볶은 다음, 2번의 양송이소스를 넣고 살짝 끓인 후 소금, 후추로 간을 한다.

접시에 담기

적당한 볼 접시에 담고 다진 파슬리와 채 썬 양송이로 장식한다.

Fillet of Beef Steak with Red Pepper Sauce

안심과 붉은 페퍼소스

Fillet of Beef Steak with Red Pepper Sauce

가니시 / 장식

로즈마리Rosemary 1줄기
타임Thyme 1줄기

Ingredients

소고기안심Beef Tenderloin 120g
모렐버섯Morel Mushroom 10g
송로버섯Truffle 2g
감자Potato 20g
애호박Squash 20g
붉은페퍼Red Pepper 2g
마늘Garlic 5g
양상추Lettuce 3g
생크림Fresh Cream 20mℓ
데미그라스소스Demi-Glace Sauce 70mℓ
백포도주White Wine 20mℓ
브랜디Brandy 5mℓ
올리브오일Olive Oil 10mℓ
소금Salt 약간
후추Pepper 약간

Method of cooking

재료 준비하기

1. 소고기안심은 소금, 후추로 간을 하고, 올리브오일을 바른다.
2. 모렐버섯은 깨끗하게 손질하고, 송로버섯은 가늘게 채를 썬다.
3. 마늘은 다지고, 양상추는 채를 썬다.
4. 감자는 껍질을 제거하고 모양 있게 잘라, 끓는 물에 삶는다.
5. 애호박은 모양 있게 잘라, 끓는 물에 데친다.

조리하기

1. 팬에 올리브오일을 두르고 다진마늘을 볶다가 모렐버섯을 넣고 백포도주로 졸인다. 그리고 생크림을 넣어 소금, 후추로 간을 한다.
2. 팬에 올리브오일을 두르고 다진마늘과 감자를 넣어 볶다가 생크림을 넣어 살짝 졸여준다.
3. 애호박도 2번과 같은 방법으로 졸인다.
4. 팬에 올리브오일을 두르고 양상추를 볶다가 생크림을 넣고 졸여 소금, 후추로 간을 한다.
5. 팬에 올리브오일을 두르고 붉은 페퍼를 넣고 브랜디로 후란베를 한 후, 송로버섯과 백포도주를 넣고 졸인 다. 그리고 데미그라스소스를 넣고 끓이다가 생크림을 넣고 살짝 끓여준다.
6. 달궈진 팬에 올리브오일을 두르고 센불에서 소고기안심을 갈색이 나게 구운 후, 오븐에서 구워낸다.

접시에 담기

접시 가장자리에 감자 볶은 것, 모렐버섯 볶은 것, 애호박 볶은 것을 모양 있게 놓아주고, 구운 소고기안심을 접시 중앙에 올려준 뒤 붉은 페퍼소스를 끼얹어준다. 양상추 볶은 것을 안심 수변에 모양 있게 놓은 후, 붉은 페퍼와 로즈마리, 타임으로 장식한다.

Fillet of Beef Steak with Lamb Loin and Mustard Sauce

최상급 안심스테이크와 양등심요리에 겨자소스

Fillet of Beef Steak with Lamb Loin and Mustard Sauce

가니시 / 장식

엔다이브Endive 1잎
당근Carrot 5g
노란 방울토마토Cherry Tomato(Yellow) 1개
아스파라거스Asparagus 1줄기
오레가노Oregano 1줄기
타라곤Tarrgon 1줄기

Ingredients

소고기안심Beef Tenderloin 80g
양등심Lamb Loin 80g
닭근위Chickens Gizzard 30g
마늘Garlic 3g
양파Onion 10g
겨자Mustard 5g
데미그라스소스Demi-Glace Sauce 70㎖
머스터드소스MustardSauce 30㎖
생크림Fresh Cream 20㎖
타임Thyme 2g
월계수잎Bay Leaf 1잎
우유Milk 100㎖
브랜디Brandy 10㎖
백포도주White Wine 30㎖
올리브오일Olive Oil 30㎖
소금Salt 약간
후추Pepper 약간

Method of cooking

재료 준비하기

1 타임과 마늘, 양파는 곱게 다진다.
2 소고기안심을 잘 손질해 둔 다음 실로 묶고, 소금, 후추로 간을 한 뒤 올리브오일을 발라놓는다.
3 양 등심을 넓게 떠서 편 다음, 브랜디를 살짝 뿌리고, 소금, 후추로 간을 하여 둔 후 타임을 뿌려준다.
4 닭 근위는 잘 손질해서 우유에 타임과 월계수잎을 넣어 4시간 정도 재워두었다가 가늘게 썬다.

조리하기

1 팬에 올리브오일을 두르고 다진마늘과 양파를 볶다가 백포도주를 넣어 졸인 후, 머스터드소스와 생크림을 넣고 졸이다가 데미그라스소스를 넣고 끓여 고운체에서 내린다.
2 펴둔 양 등심에 타임을 적당히 놓고, 가늘게 썬 닭 근위를 얹어 김밥 말듯이 말아, 실로 묶어 팬에서 색을 낸 다음 오븐에서 익힌다.
3 달궈진 팬에 소고기안심을 갈색이 나게 구워 오븐에서 익힌다.

접시에 담기

접시에 소고기안심을 놓고, 양 등심을 적당한 크기로 잘라놓고, 머스터드소스를 곁들인다. 그리고 채소와 허브로 장식한다.

Millet Seed Butter Sauce with Lobster and Fillet of Beef Steak

최상급 안심스테이크와 바닷가재요리에 조를 곁들인 버터소스

Millet Seed Butter Sauce with Lobster and Fillet of Beef Steak

가니시 / 장식
파슬리Pasley 1줄기
생크림Fresh Cream 5mℓ

Ingredients

소고기안심Beef Tenderloin 100g
바닷가재Lobster 80g
양파Onion 20g
파슬리Parsley 2g
월계수잎Bay Leaf 1잎
통후추Whole Pepper 3알
식초Vinegar 3ml
백포도주White Wine 10mℓ
레몬즙Lemon Juice 약간
포트와인Port Wine 10mℓ
생크림Fresh Cream 30mℓ
버터Butter 50g
올리브오일Olive Oil 20mℓ
조Millet 5g
데미그라스소스Demi-Glace Sauce 70mℓ
소금Salt 약간
후추Pepper 약간

Method of cooking

재료 준비하기

1 소고기안심을 잘 손질해 둔 다음 실로 묶고, 소금후추로 간을 한 뒤 올리브오일을 바른다.
2 바닷가재는 손질하여 스팀에 쪄낸 후 얇게 썬다.
3 파슬리는 줄기와 잎을 분리하고, 잎은 다져놓는다.
4 조는 물에 불린 후 삶아 팬에 볶아준다.
5 가니시용 생크림은 휘핑을 한다.

조리하기

1 냄비에 양파, 파슬리줄기, 월계수잎, 통후추, 식초, 백포도주를 넣고 졸이다가 생크림을 넣어 졸인 후, 약한 불에서 버터를 넣고 녹여준다. 고운체에서 걸러 레몬즙과 다진 파슬리를 넣고 소금, 후추로 간을 한다.
2 1번의 버터소스에 볶은 조를 넣고, 다진 파슬리를 넣는다.
3 팬에 포트와인을 끓여 졸이다가, 데미그라스소스를 넣고 졸인다.
4 달궈진 팬에 소고기안심을 갈색이 나게 구워 오븐에서 익힌다.

접시에 담기

접시 한 쪽에 바닷가재를 가지런히 올려놓고, 조를 곁들인 버터 소스를 끼얹는다. 다른 한쪽에는 구워진 안심을 놓고, 휘핑한 생크림을 점찍듯 안심 위에 올린 뒤, 주변으로 포트와인 소스를 모양 있게 곁들여 준다. 파슬리로 장식한다.

Chicken in the Mushroom with Tomato Sauce

토마토소스와 닭고기 속의 버섯요리

Chicken in the Mushroom with Tomato Sauce

가니시 / 장식
로즈마리Rosemary 1줄기
토마토Tomato 5g

Ingredients

닭다리살Chicken Leg Quarter 100g
새송이버섯King Oyster Mushroom 50g
토마토Tomato 80g
양파Onion 30g
마늘Garlic 10g
백포도주White Wine 30㎖
올리브오일Olive Oil 30㎖
바질Basil 2g
버터Butter 20g
닭근위Chickens Gizzard 50g
돼지기름막Lard 10g
생크림Fresh Cream 30㎖
우유Milk 100ml
닭육수Chicken Stock 300㎖
월계수잎Bay Leaf 1잎
소금Salt 약간
후추Pepper 약간

Method of cooking

재료 준비하기

1 닭다리살을 얇게 편 다음 소금, 후추, 백포도주로 간을 해두고, 새송이버섯은 얇게 채를 썬다.
2 닭근위는 우유에 4시간 정도 재어놓은 뒤, 얇고 가늘게 썬다.
3 마늘과 양파는 다져놓고, 토마토는 뜨거운 물에 살짝 데쳐 씨와 껍질을 제거하고 채를 썬다.
4 가니시용 토마토는 작은 주사위 모양으로 자른다.

조리하기

1 팬에 올리브오일을 두르고 새송이버섯을 볶아 소금, 후추로 간을 한다.
2 팬에 올리브오일을 두르고 다진마늘과 양파를 볶다가 가늘게 썬 닭근위를 볶는다. 그리고 백포도주를 넣고 졸인 뒤 소금, 후추로 간을 한다.
3 얇게 편 닭다리살에 1번과 2번을 올린 후 감싸고, 돼지기름막으로 한 번 더 감싼 다음, 달군 팬에서 살짝 색을 낸다.
4 곱게 다진 양파를 팬에 볶다가 백포도주를 넣고 졸이면서 토마토와 닭육수를 붓고 월계수잎을 넣은 후 약한 불에서 오래도록 끓인 다음 색을 낸 닭다리살을 넣고 약한 불에서 다시 30분 정도를 익힌다.
5 닭다리는 건져내고 소스는 생크림을 넣고 살짝 끓여낸다.

접시에 담기

접시에 소스를 담고 익힌 닭다리살을 잘라 올려놓은 뒤, 주사위 모양의 토마토와 로즈마리로 장식한다.

Chicken Bulgogi Steak

닭불고기 스테이크

Chicken Bulgogi Steak

가니시 / 장식

대파 흰부분Leek(White) 5g
파슬리Pasley 2g

Ingredients

닭가슴살Chicken Breast 100g
돼지비계Pork Fat 80g
양파Onion 20g
간장Soy Sauce 10㎖
설탕Sugar 10g
마늘Garlic 5g
사과Apple 10g
참기름Sesame Oil 5㎖
정종Refined Rice Wine 10㎖
대파Leek 10g
토마토케첩Tomato Ketchup 100㎖
우스타소스Worcester Sauce 20㎖
머스터드소스Mustard Sauce 30㎖
식초Vinegar 5㎖
흑설탕Brown Sugar 50g
케니언페퍼Cayenne Pepper 1g
닭육수Chicken Stock 300㎖
코리안더Coriander 2g
물엿Starch Syrup 5g
백포도주White Wine 30㎖
청양고추Cheongyang Red Pepper 3g
생강Ginger 1g
달걀Egg 60g
전분Starch 50g
소금Salt 약간
후추Pepper 약간

Method of cooking

재료 준비하기

1 닭가슴살과 돼지비계는 곱게 갈아서 준비한다.
2 코리안더는 곱게 다진다.
3 양파, 대파, 마늘, 사과, 청양고추, 생강은 갈아서 간장, 설탕, 물엿, 참기름, 정종, 달걀을 넣고 잘 혼합한다.
4 장식용 대파 흰부분은 가늘게 채를 썰어 튀겨내고, 파슬리는 곱게 다진다.

조리하기

1 용기에 갈아놓은 닭가슴살과 돼지비계를 담고 잘 혼합한 후, 재료 준비하기 3번의 소스를 넣으면서 잘 혼합한다.
2 농도가 묽으면 전분으로 맞춰주며 잘 치댄 후, 8×8㎝ 정도의 크기와 2㎝ 정도의 두께로 둥근 모양을 만들어 팬에서 갈색을 낸 다음, 오븐에서 구운다.
3 팬에 오일을 두르고 양파찹과 마늘찹, 다진 코리안더를 넣고 볶다가 우스타소스, 머스터드소스, 식초, 백포도주를 넣고 끓인다.
4 흑설탕과 케니언페퍼를 넣고 토마토케첩을 넣은 다음 닭육수를 넣고 끓인다.

접시에 담기

접시에 구워진 닭불고기 스테이크를 올려놓고, 바비큐소스를 곁들인다. 대파 튀긴 것과 파슬리로 장식한다.

INTERNATIONAL Western Cooking

디저트

Sicily Style Ice Cream

Grapefruit and Fig Gratin with Almond Cream

Cherry Jubilee

Seasonal Fresh Fruits

Strawberry Ice Cream

"Poires au Vin Rouge" with Sabayon Sauce

Gold Kiwi Fruit Latte

Mango Sherbet

Baked Assorted Fruit and Sabayon Sauce

Sicily Style
Ice Cream

시칠리 스타일의 아이스크림

Sicily Style Ice Cream

가니시 / 장식

애플민트Apple Mint 2잎
건딸기Dried Strawberry 5g
건레몬Dried Lemon 1조각

Ingredients

우유Milk 500㎖
생크림Fresh Cream 500㎖
설탕Sugar 400g
달걀노른자Egg Yolk 4개
바닐라열매Vanilla Bean 4개
레몬껍질Lemon Peel 2개
과일소스Fruit Sauce 100㎖(부록 소스편 참고)

Method of cooking

재료 준비하기

1 바닐라열매는 세로로 속을 갈라서 씨를 제거한다.
2 레몬껍질은 깨끗하게 씻어 채를 썬다.
3 건딸기는 잘게 다진다.

조리하기

1 우유와 생크림을 냄비에 붓고, 바닐라열매와 레몬껍질을 넣어 살짝 끓여 한 김 식힌다.
2 볼에 달걀노른자와 설탕을 넣어 휘핑하고, 1번을 부어가며 저어서 고루 섞어준다.
3 2번을 냄비에 붓고 중·약불에서 끓여준 다음, 고운체에서 내려 얼음물에 받쳐 차게 식힌다.
4 밀폐용기에 담아 냉동실에서 2시간 정도 굳힌 다음 꺼내어 포크로 긁어준다. 이런 작업을 3~4회 반복하며 시칠리 스타일의 아이스크림을 만든다.

접시에 담기

적당한 볼 그릇의 중앙에 시칠리스타일 아이스크림을 담고, 과일 소스를 살짝 뿌려준다. 건딸기로 주변을 장식하고, 건레몬과 애플민트로 포인트를 준다.

Grapefruit and Fig Gratin with Almond Cream

아몬드크림을 곁들인 자몽과 무화과 그라탕

Grapefruit and Fig Gratin with Almond Cream

가니시 / 장식

로즈마리Rosemary 1g
건딸기Dried Strawberry 5g
마시멜로우Marshmallow 1조각

Ingredients

자몽Grapefruit 1개
무화과Fig 1개
아몬드파우더Almond Powder 100g
설탕Sugar 80g
달걀노른자Egg Yolk 2개
생크림Fresh Cream 100㎖
바닐라향Vanilla 1g

Method of cooking

재료 준비하기

1 아몬드파우더는 체에서 곱게 친다.
2 자몽은 껍질을 제거하고 무화과와 함께 웨지 모양으로 자른다.

조리하기

1 계란 노른자에 설탕을 넣어 휘핑시켜두고, 생크림은 따로 휘핑한다.
2 고운체에서 내린 아몬드 파우더와 1번을 모두 혼합하고, 바닐라향을 첨가하여 아몬드크림을 만든다.
3 오븐 그릇에 자몽과 무화과를 담고, 위에 아몬드크림을 덮고 살라망드에서 색을 낸다.

접시에 담기

로즈마리와 건딸기, 마시멜로우로 장식한다.

Cherry Jubilee

체리쥬빌레

Cherry Jubilee

가니시 / 장식
애플민트Apple Mint 2잎

Ingredients

체리아이스크림Cherry Ice Cream 160g
다크체리(캔)Dark cherry(Can) 200g
버터Butter 15g
오렌지즙Orange Juice 30㎖
황설탕Brown Sugar 20g
옥수수전분Cornstarch 10g
코엥트로Cointreau 5㎖
레드와인Red Wine 10㎖
포트와인Port Wine 20㎖
계핏가루Cinnamon Powder 2g

Method of cooking

재료 준비하기

1 다크체리는 알이 터지지 않게 캔에서 걸러두고, 캔에 있던 체리국물은 체에서 거른다.
2 버터는 실온에 두어 차갑지 않은 상태로 둔다.
3 옥수수전분은 물에 담가 물전분을 만든다.

조리하기

1 냄비에 포트와인, 레드와인을 넣고 졸이다가 체리국물을 넣고 계핏가루, 오렌지즙, 황설탕을 넣어 끓인다.
2 1번을 끓이다가 다크체리알을 넣어 혼합한다. 그리고 물전분을 풀어 농도를 맞춘 다음, 버터를 녹인 뒤 코엥트로를 넣어 향을 낸다.

접시에 담기

중앙이 옴폭하게 들어간 디저트 접시에 체리아이스크림을 정 가운데에 얹고 체리쥬빌레를 끼얹은 다음, 애플민트로 장식한다.

Seasonal Fresh Fruits

신선한 제철과일

Seasonal Fresh Fruits

가니시 / 장식
로즈마리Rosemary 1줄기

Ingredients

머스크멜론Muskmelon 1쪽(350g)
배Pear 1쪽(200g)
자몽Grapefruit 1쪽(150g)

Method of cooking

재료 준비하기

1 모든 과일을 깨끗하게 씻어 준비한다.

조리하기

1 과일별로 모양 있게 자른다.

접시에 담기

접시에 담고 로즈마리로 장식한다.

TIP

* 제철에 나오는 신선한 과일을 선택하여 모양있게 자르면 좋다.

Strawberry Ice Cream

딸기아이스크림

Strawberry Ice Cream

가니시 / 장식

건딸기Dried Strawberry 5g
애플민트Apple Mint 2잎

Ingredients

딸기퓨레Strawberry Puree 100g
달걀노른자Egg Yolk 4개
우유Milk 300㎖
생크림Fresh Cream 100㎖
설탕Sugar 90g

Method of cooking

조리하기

1 달걀노른자와 설탕, 딸기 퓨레를 넣고, 거품기로 휘저어 약간 걸쭉한 상태를 만든다.
2 우유와 생크림을 섞어서 끓여 1번에 붓고서 저어준 후 식힌다.
3 2번을 제빙기나 냉동실에 넣고 얼린다. 냉동실에서 얼리는 중간에 아이스크림을 꺼내어 저어주는 과정을 여러 차례 반복한다.

접시에 담기

중앙이 옴폭하게 들어간 디저트 접시에 딸기아이스크림을 담고, 건딸기와 애플민트로 장식한다.

TIP

* 저어주는 횟수가 많을수록 아이스크림이 부드럽게 된다.
* 메론, 바나나, 키위 등 과일만 다르게 하여 같은 방법으로 조리하면 색다른 맛을 느낄 수 있다.

"Poires au Vin Rouge" with Sabayon Sauce

와인에 졸인 배와 샤바용소스

"Poires au Vin Rouge" with Sabayon Sauce

가니시 / 장식
오레가노Oregano 2g

Ingredients

배Pear 80g
포트와인Port Wine 300㎖
코엥트로Cointreau 5㎖
버터Butter 20g
황설탕Brown Sugar 5g
계핏가루Cinnamon Powder 2g

샤바용 소스재료
설탕Sugar 125g
달걀노른자Egg Yolk 4개
백포도주White Wine 20㎖
레몬Lemon ½개(70g)
오렌지Orange ½개(100g)
바닐라향Vanilla 3g
생크림Fresh Cream 100㎖

Method of cooking

재료 준비하기

1 배는 껍질과 씨를 제거하고, 웨지 모양으로 썬다.
2 샤바용소스를 만든다.

조리하기

1 팬에 버터를 두르고 배를 볶다가 황설탕을 넣고 녹인 후, 포트와인을 넣고 졸이다가 코엥트로 향을 낸다.

접시에 담기

접시에 졸인 배를 중앙에 가지런히 돌려서 담는다. 그리고 샤바용소스를 덮어 살라망드에서 색을 낸 후 계핏가루를 뿌려주고, 오레가노로 장식한다.

Gold Kiwi Fruit Latte

골드키위 라떼

Gold Kiwi Fruit Latte

가니시 / 장식
골드키위Gold Kiwi Fruit 1조각

Ingredients

골드키위Gold Kiwi Fruit 4개
우유Milk 300㎖
꿀Honey 60g
얼음Ice 8조각

Method of cooking

재료 준비하기

1 키위는 깨끗하게 씻어 깔끔하게 깎아준다.

조리하기

1 키위, 우유, 얼음, 꿀을 넣고 믹서에서 갈아준다.

접시에 담기

글라스에 골드키위 라떼를 담고, 골드키위 조각으로 포인트를 준다.

TIP

* 과일의 종류를 다르게 하여 같은 방법으로 조리하면 색다른 맛을 느낄 수 있다.

Mango Sherbet

망고셔벗

Mango Sherbet

가니시 / 장식

레드망고Red Mango 1조각

Ingredients

망고퓨레Mango Puree 200g
물Water 125㎖
설탕Sugar 50g
레몬Lemon ¼쪽(40g)
백포도주White Wine 25㎖

Method of cooking

조리하기

1 모든 재료를 잘 혼합하여 파코젯통에 담아 -20℃에 냉동하여 48시간을 둔 후, 파코젯 기계에서 갈아준다.

접시에 담기

셔벗 글라스에 담고 레드망고 조각으로 장식한다.

Baked Assorted Fruit and Sabayon Sauce

구운 모듬과일과 사바용소스

Baked Assorted Fruit and Sabayon Sauce

가니시 / 장식
식용꽃Edible Flower 1개

Ingredients

바나나Banana ½개
사과Apple 1조각
천도복숭아Heavenly Peach 20g
무화과Fig ½개
계핏가루Cinnamon Powder 5g
황설탕Brown Sugar 20g

사바용소스 재료
설탕Sugar 125g
달걀노른자Egg Yolk 4개
백포도주White Wine 20㎖
레몬Lemon ½개(70g)
오렌지Orange ½개(100g)
바닐라향Vanilla 3g
생크림Fresh Cream 100㎖

Method of cooking

재료 준비하기

1 바나나, 사과, 무화과는 모양 있게 자른다.
2 천도복숭아는 얇게 슬라이스하여 둔다.
3 사바용소스를 만든다.

조리하기

1 바나나, 사과, 무화과, 천도복숭아를 접시에 담고 황설탕과 계핏가루를 살짝 뿌려 180℃로 예열된 오븐에서 5분간 구워낸다.
2 사바용소스를 덮어준 뒤, 살라망드에서 색을 낸다.

접시에 담기

식용꽃으로 장식한다.

INTERNATIONAL Western Cooking

부록편

소스류

American Sauce
Barbecued Sauce
Basil Oil
Black Olive En Croute
Brown Veal Stock(Fond de Veau Brun)
Chicken Stock, Fish Stock and Vegetable Flavored Sauce
Sweet Pineapple and Ginseng Sauce
Garlic Brown Butter Sauce
Garlic Cream Sauce
Garlic Salad Sauce
Vegetable Sauce
Thousand Island Dressing
Tomato Meat Sauce
Seafood Tomato Sauce
Mint Sauce
Oyster Kirk Patrick Sauce
Two Kinds of Mixed Sauce
Butter Sauce
White Wine Sauce
Perilla Sauce
Dill Flavored Mango Sauce
Oyster Sauce
Artichoke Sauce
Herb Butter Sauce
Bechamel Sauce
Sabayon Sauce
Spaghetti with Garlic Cream Sauce
Cream Sauce(Carbonara Spaghetti)
Spaghetti with Potato Cream Sauce
Kiwi Sauce
Herb Dressing
Epice Sauce
Olive Vinegar Sauce
Tomato Sauce
Tomato and Herb Italian Sauce
Whole Barbecue of Pig Seasoning Juice
Oriental Health Juice
Health Sauce Using Oriental Ingredient
Red Paprika Sauce
Sabayon Cream Sauce(Fish)

기초육수류

Chicken Stock
Fish Stock
White Stock
Court Bouillon

아메리칸소스 American Sauce

Ingredients

바닷가재 머리(Lobster Head) 300g, 새우머리(Shrimp Head) 200g, 토마토(Tomato) 200g, 양파(Onion) 50g, 당근(Carrot) 30g, 셀러리(Celery) 30g, 버터(Butter) 60g, 토마토페이스트(Tomato Paste) 100g, 생선육수(Fish Stock) 1,000㎖, 백포도주(White Wine) 100㎖, 코냑(Cognac) 20㎖, 통마늘(Whole Bulb of Garlic) 10g, 월계수잎(Bay Leaf) 2잎, 흰통후추(Whole Pepper White) 6알, 밀가루(Flour) 50g, 소금(Salt) 약간, 후추(Pepper) 약간

Method of cooking

재료 준비하기

1. 바닷가재 머리와 새우머리를 준비한다.
2. 마늘, 양파, 당근, 셀러리를 1.5×1.5㎝ 크기, 2.5㎜ 두께로 썬다.
3. 셀러리에 월계수잎과 통후추를 넣고 실로 묶어 부케가르니를 만든다.
4. 밀가루와 버터를 1 : 1 비율로 휘저어 혼합한다.

조리하기

1. 냄비에 버터를 두르고 양파, 당근, 셀러리, 마늘을 볶다가 바닷가재 머리, 새우머리를 같이 넣고 주걱으로 으깨면서 볶는다. 그리고 코냑으로 후란베하고 백포도주를 첨가한 다음 졸인다.
2. 토마토페이스트를 넣고 볶다가, 토마토를 넣고 볶은 후 생선육수와 부케가르니를 넣고 40분 정도를 끓인다.
3. 고운체에서 걸러 혼합해 둔 버터와 밀가루를 넣어 농도를 맞추고, 소금과 후추로 간을 하여 사용한다.

Tip 색이 너무 붉지 않아야 하며, 끓일 때 붉은 거품을 걷지 말아야 한다.

바비큐소스 Barbecued Sauce

Ingredients

토마토케첩(Tomato Ketchup) 100g, 양파(Onion) 30g, 마늘(Garlic) 10g, 우스타소스(Worcester Sauce) 10㎖, 머스터드소스(Mustard Sauce) 10㎖, 식초(Vinegar) 10㎖, 백포도주(White Wine) 50㎖, 흑설탕(Brown Sugar) 30g, 설탕시럽(Sugar Syrup) 10㎖, 케니언페퍼(Cayenne Pepper) 5g, 닭육수(Chicken Stock) 400㎖, 올리브오일(Olive Oil) 20㎖, 소금(Salt) 약간, 후추(Pepper) 약간

Method of cooking

재료 준비하기

1. 마늘, 양파를 곱게 다진다.

조리하기

1. 냄비에 올리브오일을 두르고 다진양파와 마늘을 넣고 볶는다. 그리고 백포도주를 넣고 졸이면서 토마토케첩, 우스타소스, 머스터드소스, 식초 등을 넣고 끓이다가 설탕과 설탕시럽, 케니언페퍼, 닭육수를 넣고 중불에서 30분 정도를 끓인다.
2. 소금, 후추로 간을 하여 사용한다.

바질오일Basil Oil

Ingredients

바질(Basil) 100g, 샐러드오일(Salad Oil) 500㎖, 소금(Salt) 약간, 후추(Pepper) 약간

Method of cooking

재료 준비하기

1. 바질을 깨끗이 씻어 잎만 따서 준비한다.

조리하기

1. 믹서에 바질과 샐러드오일을 넣고 곱게 간다.
2. 1번을 냄비에 붓고 아주 약한 불에서 30분 정도를 두었다가 고운체에서 걸러낸다.
3. 소금, 후추로 간을 하여 사용한다.

Tip 너무 센불에서 오랫동안 끓이면 색깔이 검푸르게 되고 향도 좋지 않기 때문에, 불조절에 유의하여야 한다.

블랙올리브 앙쿠르트Black Olive En Croute

Ingredients

빵가루(Bread Crumb) 60g, 버터(Butter) 20g, 파마산치즈(Parmesan Cheese) 15g, 블랙올리브(Black Olive) 30g, 바질(Basil) 5g, 소금(Salt) 약간, 후추(Pepper) 약간

Method of cooking

재료 준비하기

1. 바질과 블랙올리브는 곱게 다진다.

조리하기

1. 휘핑상태의 버터에다 바질, 블랙올리브 다진 것과 빵가루, 파마산치즈를 넣고 혼합한다. 그리고 소금, 후추로 간을 한다.
2. 비닐 안에 넣은 다음, 둥근 방망이로 3㎜ 정도의 두께로 밀어 냉장고에 보관하고 사용한다.

송아지 브라운스톡Brown Veal Stock(Fond de Veau Brun)

Ingredients

소고기뼈(Beef Bone) 200g, 소고기(Beef) 200g, 토마토페이스트(Tomato Paste) 200g, 적포도주(Red Wine) 100㎖, 양파(Onion) 100g, 당근(Carrot) 100g, 셀러리(Celery) 50g, 마늘(Garlic) 30g, 월계수잎(Bay Leaf) 2잎, 파슬리줄기(Parsley Stem) 1줄기, 타임(Thyme) 1g, 통후추(Whole Pepper) 7알, 토마토(Tomato) 100g, 물(Water) 2L, 소금(Salt) 약간, 후추(Pepper) 약간

Method of cooking

재료 준비하기

1. 토마토, 양파, 당근, 셀러리를 깨끗이 씻어 2㎝ 크기로 썬다.
2. 소고기는 4등분으로 썬다.
3. 셀러리줄기에 타임, 월계수잎, 파슬리줄기, 통후추를 넣고 실로 묶어 부케가르니를 만든다.

조리하기

1. 소고기와 소고기뼈를 갈색이 나게 팬에서 볶거나 오븐에서 구워 준비한다.
2. 팬에서 양파, 당근, 셀러리, 마늘은 갈색이 나게 볶으면서 적포도주로 졸여준다.
3. 적당한 용기에 볶은 고기와 뼈, 채소를 넣고 물을 부은 후 센불에서 끓인다. 그리고 끓으면 약한 불에서 6시간 정도 끓인 후 거른다.
4. 4일간 반복해서 같은 양의 뼈와 고기, 채소를 볶아서 넣는다.(저녁에 걸러 식혔다가, 아침에 다시 볶은 고기와 야채를 넣고 물을 보충한 다음 계속 끓인다.)
5. 4일째 되는 날 토마토페이스트를 볶아서 넣고 와인을 졸여 넣는다.

Tip 고운체에서 걸러 사용하는 것이 투명하고 맛이 좋다.
끓을 때 거품을 자주 걷어 내야 맑은 소스를 만들 수 있다.
고기와 야채를 볶을 때 타지 않아야 쓴맛이 나지 않고 색깔도 좋다. 모체소스이기 때문에 많은 신경을 써서 만들어야 맛있는 소스를 얻을 수 있다.

닭육수, 생선국물과 채소로 맛을 낸 소스Chicken Stock, Fish Stock and Vegetable Flavored Sauce

Ingredients

닭육수(Chicken Stock) 50㎖, 생선육수(Fish Stock) 50㎖, 바질(Basil) 2g, 홍파프리카(Red Paprika) 5g, 청파프리카(Green Paprika) 5g, 셀러리(Celery) 5g, 당근(Carrot) 10g, 양파(Onion) 10g, 백포도주(White Wine) 30㎖, 올리브오일(Olive Oil) 20㎖, 소금(Salt) 약간, 후추(Pepper) 약간

Method of cooking

재료 준비하기

1. 홍·청파프리카, 셀러리, 당근, 양파를 5×5㎜ 크기의 주사위 모양으로 썬다.
2. 바질은 곱게 썬다.

조리하기

1. 팬에 올리브오일을 두르고, 주사위 모양으로 썰어둔 채소를 볶다가 백포도주를 붓고 졸인다.
2. 닭육수와 생선육수를 붓고 어느 정도 졸인다.
3. 내릴 때쯤 소금, 후추로 간을 하고 바질을 넣어 향이 나게 한다.

접시에 담기

조개 모양의 그릇에 구워진 농어생선을 담고, 이 즙을 부어 국물이 있게 한다.

Tip 후리타지를 씌워 구워내면 더욱 진한 맛을 느낄 수 있다.

달콤한 파인애플과 수삼향소스Sweet Pineapple and Ginseng Sauce

Ingredients

파인애플(Pineapple) 100g, 수삼(Ginseng) 30g, 백포도주(White Wine) 50㎖, 데미그라스소스(Demi-Glace Sauce) 200㎖, 물(Water) 100㎖, 버터(Butter) 20g, 소금(Salt) 약간, 후추(Pepper) 약간

Method of cooking

재료 준비하기

1. 수삼은 깨끗이 씻은 후 껍질을 벗겨내고 썬다.
2. 파인애플은 껍질을 벗겨내고 썬다.

조리하기

1. 냄비에 버터를 두르고 수삼과 파인애플을 볶다가 백포도주를 넣고 졸인 다음, 물과 데미그라스소스를 붓고 끓인다.
2. 믹서에 갈아 고운체에서 걸러두고, 소금, 후추로 간을 하여 사용한다.

갈색의 마늘버터소스Garlic Brown Butter Sauce

Ingredients

통마늘(Whole Bulb of Garlic) 50g, 데미그라스소스(Demi-Glace Sauce) 100㎖, 양파(Onion) 10g, 월계수잎(Bay Leaf) 1잎, 파슬리줄기(Parsley Stem) 1g, 식초(Vinegar) 10㎖, 백포도주(White Wine) 50㎖, 버터(Butter) 30g, 통후추(Whole Pepper) 1g, 타임(Thyme) 1g, 로즈마리(Rosemary) 1g, 올리브오일(Olive Oil) 20㎖, 생크림(Fresh Cream) 10㎖, 처빌(Chervil) 1g, 소금(Salt) 약간, 후추(Pepper) 약간

Method of cooking

재료 준비하기

1. 양파를 5×5㎜ 크기로 썬다.
2. 처빌은 곱게 다져놓는다.

조리하기

1. 팬에 통마늘을 놓고 로즈마리, 타임, 올리브오일을 뿌려준다. 오븐에서 마늘이 완전히 뭉그러질 때까지 익힌 후, 냄비에 넣고 백포도주로 졸인 후 데미그라스소스를 넣어 끓인 다음 고운체에서 걸러놓는다.(마늘소스)
2. 냄비에 썰어둔 양파와 통후추, 월계수잎, 파슬리줄기, 백포도주, 식초를 넣고 졸이다가 생크림을 넣어 졸인다. 그리고 약한 불에서 버터를 넣으면서 녹여 고운체에 거른다.(버터소스)
3. 1번 마늘소스에 2번 버터소스를 혼합하여 소금, 후추로 간을 한 후 다진 처빌을 넣어 사용한다.

마늘 크림소스Garlic Cream Sauce

Ingredients

통마늘(Whole Bulb of Garlic) 100g, 백포도주(White Wine) 50㎖, 생크림(Fresh Cream) 100㎖, 버터(Butter) 30g, 닭육수(Chicken Stock) 500㎖, 토마토(Tomato) 20g, 차이브(Chive) 1g, 소금(Salt) 약간, 후추(Pepper) 약간

Method of cooking

재료 준비하기

1. 토마토는 껍질과 씨를 제거하고 3×3㎜ 크기로 썬다.
2. 차이브는 곱게 다진다.

조리하기

1. 냄비에 마늘을 넣고 볶다가 백포도주를 넣고 졸인다. 그리고 육수를 부은 다음 마늘이 완전히 물러질 때까지 익힌다.
2. 물러 익혀진 마늘을 고운체에 내려 냄비에 넣고 생크림을 넣어 끓이다가 소금, 후추로 간을 하고 내릴 무렵, 버터를 넣고 녹여준다.
3. 주사위꼴로 썬 토마토와 차이브 다진 것을 넣어 사용한다.

마늘 샐러드소스Garlic Salad Sauce

Ingredients

통마늘(Whole Bulb of Garlic) 100g, 닭육수(Chicken Stock) 500㎖, 토마토케첩(Tomato Ketchup) 100g, 식초(Vinegar) 30㎖, 백포도주(White Wine) 100㎖, 오이(Cucumber) 10g, 레몬즙(Lemon Juice) 10㎖, 올리브오일(Olive Oil) 30㎖, 소금(Salt) 약간, 후추(Pepper) 약간

Method of cooking

재료 준비하기

1. 오이는 깨끗이 씻어 껍질과 씨를 제거하고 2×2㎜ 크기로 자른다.

조리하기

1. 냄비에 닭육수와 통마늘을 넣고 완전히 뭉그러질 때까지 삶는다.
2. 1번과 토마토케첩, 백포도주, 식초를 넣고 졸인 후, 믹서로 곱게 갈아 고운체에서 내려 올리브오일을 혼합한다. 그리고 소금, 후추, 레몬즙을 가미하고 썰어둔 오이를 넣어 사용한다.

채소소스Vegetable Sauce

Ingredients

당근(Carrot) 20g, 양파(Onion) 30g, 청파프리카(Green Paprika) 20g, 홍파프리카(Red Paprika) 20g, 마늘(Garlic) 5g, 토마토케첩(Tomato Ketchup) 80g, 식초(Vinegar) 50㎖, 샐러드오일(Salad Oil) 30㎖, 백포도주(White Wine) 100㎖, 닭육수(Chicken Stock) 300㎖, 레몬즙(Lemon Juice) 5㎖, 생크림(Fresh Cream) 50㎖, 소금(Salt) 약간, 후추(Pepper) 약간

Method of cooking

재료 준비하기

1. 양파, 당근, 파프리카를 곱게 채를 썰어두고, 마늘은 다진다.

조리하기

1. 냄비에 샐러드오일을 넉넉히 두르고 마늘, 양파, 당근, 파프리카를 넣고 볶다가, 백포도주와 식초를 넣고 졸인 후 토마토케첩을 넣고 끓이면서 육수를 붓고 약한 불에서 1시간 정도 끓인다.
2. 믹서로 갈아 고운체에서 내린 다음, 생크림을 넣고 살짝 끓인다. 그리고 소금, 후추로 간을 하고, 신맛이 덜하면 레몬즙을 가감한다.

Tip 생선요리에 사용할 때 생크림 양을 늘리면 더욱 부드럽다.

사우전드 아일랜드 드레싱Thousand Island Dressing

Ingredients

마요네즈(Mayonnaise) 200g, 토마토케첩(Tomato Ketchup) 100g, 양파(Onion) 20g, 오이피클(Pickled Cucumber) 20g, 셀러리 (Celery) 10g, 그린올리브(Green Olive) 20g, 레몬즙(Lemon Juice) 10㎖, 블랙올리브(Black Olive) 20g, 케이퍼(Caper) 10g, 식초(Vinegar) 20㎖, 백포도주 (White Wine) 100㎖, 파슬리(Parsley) 5g, 청파프리카(Green Paprika) 5g, 홍파프리카(Red Paprika) 5g, 소금(Salt) 약간, 후추(Pepper) 약간

Method of cooking

재료 준비하기

1. 양파, 오이피클, 셀러리, 그린 · 블랙올리브, 케이퍼, 파슬리, 청 · 홍파프리카를 곱게 다진다.

조리하기

1. 적당한 용기 볼에 마요네즈, 토마토케첩을 담고 혼합을 하다가 재료 준비하기 1번의 다진 것들을 모두 넣고 잘 섞어주면서 백포도주, 식초를 넣어 혼합한 후 소금, 후추, 레몬즙을 가미한다.